plus facilement surmonter les dégoûts attachés aux détails de la misère.

Ses statuts avaient limité à douze le nombre des dames dont devait se composer son comité; mais son action ayant dû nécessairement grandir à mesure que la population augmentait, elle compte présentement vingt-une dames patronesses.

Quatre d'entr'elles exercent les fonctions de présidente, d'économe, de trésorière et de secrétaire. Toutes ces fonctions sont dévolues par la voie de l'élection.

La Société ne possède aucune dotation; mais des allocations de l'État, des subventions départementales et communales, les souscriptions personnelles des dames patronesses et de toutes les personnes charitables qui veulent bien répondre à leurs appels annuels, l'ont pourvue jusqu'à présent de ressources suffisantes.

Ses frais d'administration sont insignifiants; le Comité en assume sur lui-même la plus grande partie.

Un réglement sagement défini n'admet à l'assistance de la Société que les femmes qui peuvent fournir une copie de leur extrait de mariage, un certificat constatant qu'elles ont reçu la bénédiction nuptiale, selon la religion professée par elles ou leurs maris, et une attestation d'indigence et de bonnes vie et mœurs du Bureau de bienfaisance.

Tous les enfants légitimes qui naissent au sein de l'indigence sont appelés à l'adoption de la Société maternelle; c'est pour les préserver de la mort, de l'abandon et de toutes les suites funestes de la misère qu'elle est instituée; mais elle a dû forcément circonscrire le cercle dans lequel elle a encore assez de bonnes œuvres à faire, ses dons ne pouvant s'étendre indéfiniment à

ÉTUDE

DE LA SITUATION

COMMERCIALE ET MANUFACTURIÈRE

DE LA VILLE ET DU CANTON

D'ELBEUF,

PAR

M. MATHIEU BOURDON,

ANCIEN REPRÉSENTANT DU PEUPLE, ANCIEN MAIRE D'ELBEUF,
PRÉSIDENT DE LA CHAMBRE DE COMMERCE.

Extrait de l'Annuaire normand. — Année 1863.

CAEN,

CHEZ A. HARDEL, IMPRIMEUR-LIBRAIRE,
RUE FROIDE, 2.

1863.

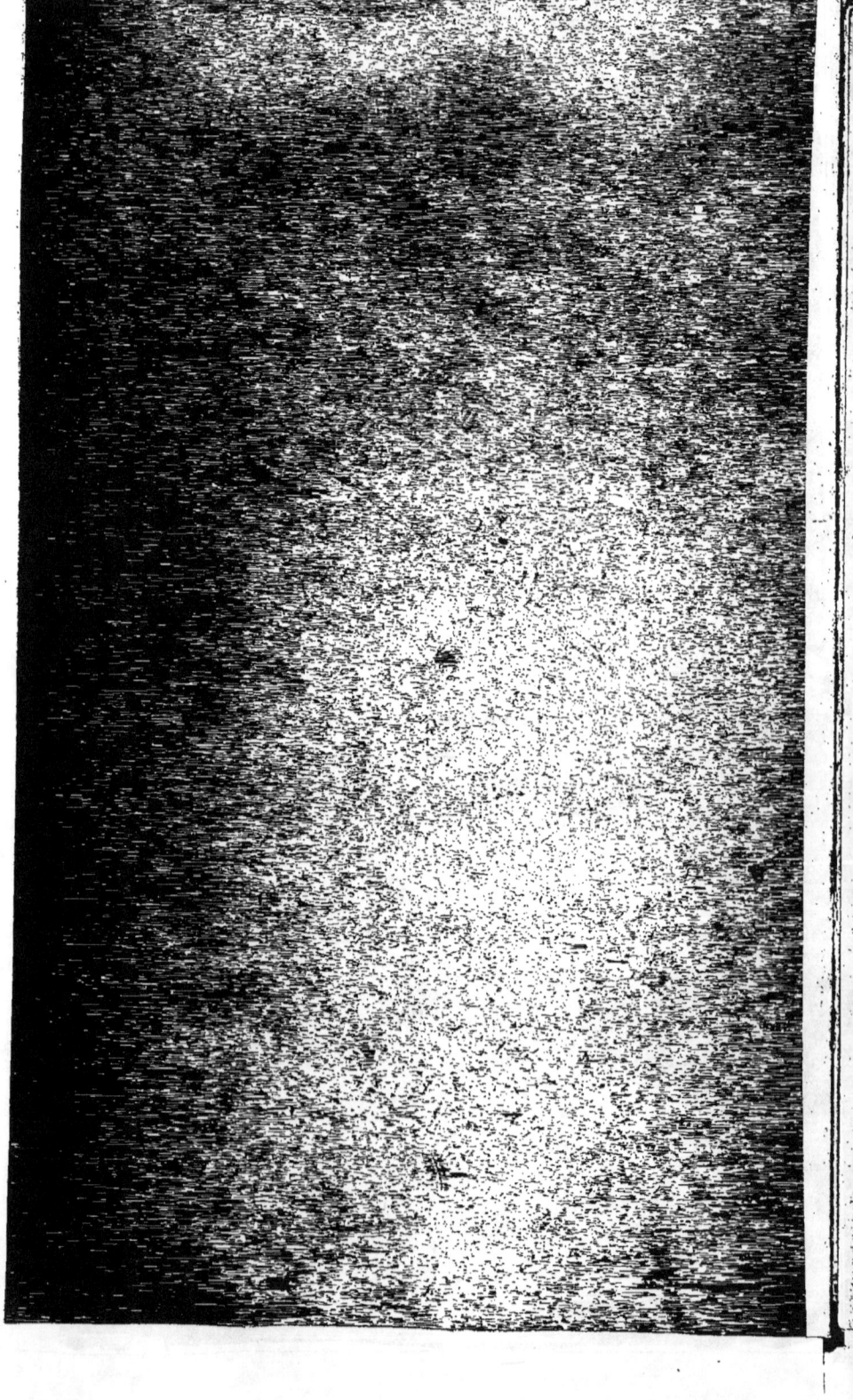

ÉTUDE

SUR L'IMPORTANCE

COMMERCIALE ET MANUFACTURIÈRE

DE LA VILLE ET DU CANTON

D'ELBEUF;

PAR

M. MATHIEU BOURDON,

ANCIEN REPRÉSENTANT DU PEUPLE, ANCIEN MAIRE D'ELBEUF,
PRÉSIDENT DE LA CHAMBRE DE COMMERCE.

Extrait de l'Annuaire normand. — Année 1863.

CAEN,
CHEZ A. HARDEL, IMPRIMEUR-LIBRAIRE,
RUE FROIDE, 2.

1863.

Elbeuf, chef-lieu de canton du département de la Seine-Inférieure, est situé sur la rive gauche de la Seine, à 1 degré 22 de longitude et 49 degrés de latitude.

Sa distance est à 25 kilomètres sud de Rouen, et à 131 nord-ouest de Paris.

Sa population, de 5,521 habitants en 1803; de 10,256 en 1830, de 14,624 en 1841, a atteint en 1856 le chiffre de 18,821, sans compter une population flottante qui la porte tous les jours non fériés à plus de 30,000.

Celle du canton, la ville comprise, est de 34,290 habitants.

Elbeuf est le siége d'un Tribunal de commerce, d'une Chambre consultative des arts et manufactures, d'une Justice de paix, d'un Conseil de prud'hommes, d'une Société industrielle et d'une station télégraphique.

Son port, sur le fleuve qui baigne ses murs, n'alimente pas seulement les besoins commerciaux de la ville et du canton, il reçoit encore, à destination d'une grande partie du département de l'Eure, des matériaux de construction, des denrées et marchandises, et sert de transit, par la voie fluviale, aux produits agricoles des riches et fertiles plaines du Neubourg et du Roumois.

Deux entreprises de bateaux à vapeur entretiennent

chaque jour, et presque sans solution de continuité, d'actives et nombreuses relations entre la ville de Rouen et tous les intérêts qui, pour y aboutir, ont fait d'Elbeuf leur point central de départ ou de passage.

Il n'y a pas d'exagération à évaluer à 365,000 par année, soit à 1,000 par jour, la quantité numérique des voyageurs qui usent de ce mode de locomotion.

Le tonnage des marchandises est en rapport avec cette affluence de voyageurs.

Outre la route départementale, n°. 36, d'Elbeuf à Louviers, et le chemin de grande communication sur Rouen par Oissel, deux autres routes départementales s'y croisent et y convergent en vue de seconder un mouvement de circulation qui va toujours croissant; ce sont celles inscrites sous le n°. 2, de Rouen au Mans, et sous le n°. 7, de Bourgtheroulde à Gournay.

Le chemin de fer de Paris à Rouen est éloigné de 8 kilomètres, et c'est un service d'omnibus qui y conduit et en ramène les voyageurs, par un chemin de grande vicinalité d'Elbeuf au Port-Saint-Ouen, à la rencontre de la station de Tourville.

Le transport des marchandises d'Elbeuf à Paris, et *vice versa*, est dirigé de préférence vers la station du Pont-de-l'Arche par la route départementale n°. 7, à cause de la difficulté de faire circuler des chargements trop pesants sur le pont suspendu d'Elbeuf à St.-Aubin; mais la navigation fluviale recueille une notable partie de ce transport, qui est considérable.

On est étonné qu'en présence d'un pareil mouvement et de la concurrence sérieuse de la batellerie, la Compagnie du chemin de fer n'ait pas compris la ville d'Elbeuf dans le parcours direct de sa ligne; il était si facile pour elle, au moyen d'un détour sans importance, de l'y rattacher, conjointement avec celle de Louviers, qu'elle doit regretter amèrement de n'y avoir pas songé.

La ligne transversale de Rouen à Serquigny, qui, dans un prochain avenir, doit traverser la ville d'Elbeuf, ne la dédommagera que très-imparfaitement du préjudice que lui a causé le tracé de la ligne principale ; et, pour que la Compagnie puisse obtenir le trafic qu'elle ne saurait trop tôt rechercher, la question d'un débarcadère aussi central que possible est celle dont la solution doit le plus la préoccuper.

Elbeuf a trois marchés hebdomadaires pour la vente des objets de consommation alimentaire, un marché de céréales, qui n'a lieu qu'une fois la semaine, et trois foires annuelles, dont l'une est affectée à la vente des laines.

Il n'existe pas moins de 2,200 patentés dans le canton d'Elbeuf; en 1843, la ville proprement dite n'en comptait que 1,047 ; elle en possède maintenant 1,619. Le surplus appartient, pour les trois quarts, aux communes de Caudebec et de St.-Pierre-lès-Elbeuf, précédemment réunies en une seule, avec une population de 8,500 habitants, mais dont, avant comme après leur division, l'existence manufacturière se confond avec celle du chef-lieu de canton.

Tel est le faisceau de forces contributives et d'action commune qui constitue la fabrique d'Elbeuf.

Elle n'était encore, pour ainsi dire, qu'à son berceau lorsque Bonaparte, premier consul, la visita au mois de novembre 1802 ; mais on voit par ces mémorables paroles qu'il y a prononcées : « *Elbeuf est une ruche, tout le monde y travaille,* » que, de son regard si pénétrant, il en avait aperçu les destinées.

Ces paroles sont devenues, avec le temps, la devise des armes de la ville.

La grande industrie de la ville et du canton se concentre dans la fabrication des draps et articles de nouveauté, elle s'y est développée à tel point, qu'il n'est pas possible de lui contester la première place parmi les industries similaires de l'Empire français.

Elle utilise 91 machines à vapeur, d'une force nominale de 749 chevaux, effective de plus de 1,000 ; elle fait mouvoir 5 usines hydrauliques, équivalant à celle de 20 à 25 chevaux-vapeur ; elle compte plusieurs établissements complets où la laine entre en toison pour en sortir à l'état de produit fabriqué, notamment ceux de MM. Victor Grandin, Théodore Chennevière et Charles Flavigny.

Les manufactures de MM. Alexandre Poussin et Philippe Decaux auraient droit à la même citation, si leurs grandes annexes de production n'étaient situées, l'une à Louviers, l'autre dans la vallée de la Risle.

La nomenclature serait longue, s'il fallait y joindre beaucoup d'autres manufacturiers exploitant des fabriques très-importantes, mais où l'on ne rencontre pas la réunion de tout l'outillage nécessaire aux opérations qui concourent sous tant de formes à la fabrication.

C'est pourquoi il a été créé, pour y suppléer, de vastes établissements à façon ; vingt-une grandes teintureries, douze filatures de laines, une cinquantaine d'ateliers de retordage de fils de laine et de manipulation de déchets ; plusieurs sécheries, avec ou sans vapeur, pour les laines et les draps ; une fabrique de cardes, une fonderie de première fusion, une usine produisant plus de 400,000 mètres de gaz par an ; trois scieries mécaniques et quarante-cinq maisons d'apprêt, qui s'occupent du lainage, de la tonte, du lustrage et du décatissage des draps.

On trouve dans un rayon de 20 à 30 kilomètres, au milieu des vallées de l'Eure, de l'Iton, de l'Andelle et de la Risle, d'autres établissements employés subsidiairement au cardage et à la filature des laines et spécialement au dégraissage et au foulage des draps.

Les forces motrices, hydrauliques et à vapeur, dont dispose ainsi l'industrie manufacturière, doublent au moins celles qu'elle fait valoir à l'intérieur; d'où l'on peut conclure que toutes ces forces réunies s'élèvent à 2,000 chevaux.

L'industrie secondaire du bâtiment et des machines a pris une grande extension pour se mettre à l'unisson de l'esprit d'entreprise qui préside à la formation de tous ces établissements, pour en édifier les vastes ateliers et les garnir de leur outillage progressif; elle est représentée par 272 patentés, et le petit commerce, que fait vivre en même temps la fabrique, se subdivise à l'infini.

L'importance des affaires auxquelles donne lieu la vente des divers produits de l'industrie d'Elbeuf a souvent varié.

En 1858, on peut attribuer :

A *Elbeuf*, une production hebdomadaire de 630 pièces de *drap uni*, à raison de 55 mètres par unité : soit 34,650 mètres à 13 fr., prix moyen = 450,450 fr., par 52 semaines. . . . . 23,423,400 fr.

A *Caudebec* et *St.-Pierre-lès-Elbeuf*,
celle de 65 pièces, chacune de 55 mètres :
3,575 mètres à 11 fr., prix moyen =
39,325 fr., par 52 semaines. 2,044,900
                                              25,468,300 fr.

tandis que la fabrication des articles de nouveauté, façonnés ou pointillés de soie, édredons et autres tissus pour pantalons et paletots, et vêtements de femmes, se décompose :

        A *reporter*. . . 25,468,300 fr.

Report. . .	25,468,300 fr.
Pour *Elbeuf*, en 1,320 pièces par semaine, de 67 m. chaque : soit 88,840 m. à 12 fr. 50 c., prix moyen = 1,105,500 fr., par 52 semaines. 57,486,000 fr.	
Pour la banlieue, en 75 pièces par semaine, de 67 mètres =5,025 mètres à 8 fr. 50c.=42,712fr. 70c., par 52 semaines. 2,221,024 fr.	59,707,024
En totalité. . .	85,175,324 fr.

Il ne s'agit, dans les bases de cette récapitulation, que de deux séries de prix moyens, tant pour les draps unis que pour les articles de nouveauté ; mais, dans la réalité, ces prix s'échelonnent à partir de 7 à 8 fr. jusqu'à 20 et 25 fr. ; car il convient d'ajouter que l'industrie aborde indifféremment tous les genres, et qu'elle excelle aussi bien, à Elbeuf, dans les qualités inférieures et intermédiaires que dans les qualités fines et extra-fines.

Parmi les draps unis, le drap noir distance de beaucoup les autres par la quantité ; les draps pour meubles, billards, voitures et livrées, pour la fourniture des lycées, pour l'habillement des officiers de l'armée, de la troupe elle-même, enfin des employés des douanes et d'autres administrations, se partagent la différence.

La nouveauté a des formes si multiples et si diverses, qu'il faut renoncer à les désigner par le titre particulier à chacune d'elles.

Avant 1786, la production répartie entre 70 fabricants atteignait à peine le chiffre de 10 millions ; de 1804 à 1811, elle n'en excédait pas 15, avec un groupe de 120 fabricants environ ; de 1830 à 1841, elle arrivait successivement à 55 millions, et le nombre des fabricants s'élevait simultanément à 214 ; —il est aujourd'hui de 282.

Il est facile de reconnaître, en tenant compte des faits de l'actualité, que le mouvement corrélatif de la population n'a fait que répondre à la marche ascendante des affaires et des transactions de toute nature qui en sont la conséquence.

C'est en 1830 qu'a cessé l'unité de la fabrication, et qu'au drap uni qui en avait été long-temps l'unique expression est venu s'adjoindre le drap façonné, sous la dénomination d'articles de nouveauté.

Cependant, ce serait une erreur de croire que ces articles étaient de nouvelle création, puisque la tradition avait transmis des témoignages irrécusables de ce qui avait été produit en ce genre, si varié qu'il soit, pendant la fin du dernier siècle, par l'ancienne fabrique ; mais la vérité est que si, après 1830, les articles de goût dans lesquels le dessin et le façonnage jouent un si grand rôle étaient purement et simplement à leur renaissance, on n'en doit pas moins considérer comme une sorte d'innovation très-heureuse, leur réveil à la suite d'un long repos ; ils ont été pour la fabrique moderne un mobile puissant, ils en ont assurément élevé le niveau.

L'émulation dont ils ont été la cause a multiplié les efforts : chacun s'est ingénié à se frayer une route nouvelle ; l'art des armures y a trouvé l'occasion de s'exercer ; ils ont acclimaté à Elbeuf l'admirable métier inventé par le Lyonnais Jacquart. Il en est résulté l'absolue nécessité de poursuivre toutes les découvertes pour obéir aux surexcitations de la mode. Ils ont enfin donné un prodigieux essor à l'industrie d'Elbeuf.

La preuve en deviendra encore plus évidente si l'on veut consulter le rapprochement ci-après.

Au 1er. décembre 1840, les articles de nouveauté contribuaient à la production pour un effectif de 35,720m. par semaine, au prix moyen de 13 fr. 50 c. le mètre; 506,520 par 52 semaines, soit 26,339,040 fr., et ils y entrent en 1858 pour une valeur totale de 59,707,024 fr.; tandis que l'effet opposé s'est manifesté dans la production du drap uni, qui paraît avoir baissé de 6 millions environ; or, sans l'intervention de la nouveauté, l'industrie, au lieu de croître, aurait inévitablement rétrogradé.

Les provenances des matières premières, mises en œuvre par l'industrie d'Elbeuf et du canton, peuvent être classées dans l'ordre suivant, d'après des renseignements recueillis à des sources authentiques:

Laines de France, en suint et lavées.	16,000,000 fr.
— d'Allemagne.	8,000,000
— d'Australie.	12,500,000
— de Russie.	2,000,000
— d'Espagne.	2,000,000
— de Buénos-Ayres.	1,500,000
— diverses.	400,000
— blouses.	500,000
	42,900,000 fr.

Autrefois, les laines d'Espagne avaient toute préférence; les laines de France, celles de la Brie, de la Beauce, de la Picardie, du Berry et du pays de Caux ont long-temps prédominé dans le marché; ce sont encore les deux premières sortes qui se soutiennent le mieux; mais la fabrication de la draperie fine et de la nouveauté ont fini, en exigeant l'emploi de plus grandes quantités et de matières d'un choix supérieur, par assurer, dans l'ensemble, la plus large part aux laines de provenance étrangère.

Il n'est pas douteux, d'ailleurs, que la division infinie de la propriété territoriale en France est loin d'être favorable à l'amélioration de la race ovine, et que les cultivateurs s'attachent, en général, à élever plutôt pour la consommation de la boucherie que pour venir en aide aux travaux manufacturiers.

Toutes ces circonstances réunies ont modifié les transactions relatives à l'achat des matières premières; les fabricants n'ont pas cessé de s'y livrer, soit dans les campagnes, soit aux grandes foires du Neubourg, de Chartres et autres; mais, sur les marchés de Londres et en Allemagne, ils ont pris pour intermédiaires des maisons de commerce du premier ordre, qui, d'Elbeuf même où elles se sont établies et où elles prospèrent, se rendent, à des époques périodiques, partout où il est dans l'intérêt de la fabrique que ces mêmes achats s'effectuent, avec l'aptitude, les connaissances spéciales et surtout l'avance des fonds qu'ils réclament.

L'industrie tire de différents lieux de production la houille qui lui est nécessaire pour la force motrice de ses usines.

Elle n'en consommait en 1843 que 172,000 hectolitres, ou 13 à 14,000 tonnes; elle en consomme actuellement 308,750 hectolitres, ou près de 25,000 tonnes. (Il n'est question ici que des constatations faites dans le seul périmètre de l'octroi d'Elbeuf.)

En voici le détail :

Charbons anglais.		6,466,000 kil.
Charbons du Nord :	Charleroy	8,594,540
	Mons.	4,940,207
	Autres provenances	4,700,287
		24,701,034 kil.

Le prix de chacune de ces provenances est subordonné aux variations du fret, mais il s'échelonne en moyenne, depuis plusieurs années, de 32 à 35 fr. par tonne, prise au quai d'Elbeuf.

Le nombre des ouvriers travaillant tant à l'intérieur de la ville, dont ils constituent la population flottante, qu'au dehors, spécialement pour le tissage des draps dans les communes du département de l'Eure, qui en fournissent à ce double titre la majeure partie, peut être évalué à 24,000 ; il est demeuré à peu près stationnaire, malgré le remplacement successif du travail manuel par le travail mécanique, et celui-ci n'a révolutionné en fait que les procédés de fabrication ; tant il est vrai de dire que les ingénieuses combinaisons des machines, loin d'être un sujet d'abaissement dans les moyens d'existence de la grande famille ouvrière, en garantissent au contraire le maintien, puisque le bon marché qu'elles déterminent dans la valeur des produits, les améliorations et les perfectionnements qu'elles leur assurent graduellement par la division et la simplification du travail, stimulent la consommation et font naître la nécessité d'occuper autant, sinon plus de bras.

C'est ainsi que lorsque le tissage mécanique, qui paraît, quant à présent, s'adapter avec plus de succès aux étoffes unies, et que la complication des armures et les exigences du dessin rendent d'une application plus difficile aux genres façonnés, aura franchi la filière des études et des essais qu'en fait la science industrielle, la classe ouvrière n'en aura pas moins de travail, eu égard à l'accroissement de production qui en dérivera suivant l'ordre naturel des choses.

On a remarqué que le remplacement du travail manuel par le travail mécanique avait eu pour effet incontestable d'augmenter le salaire des ouvriers : il réclamait plus d'intelligence, et, par conséquent, un surcroît de rémunération ; ils se sont encore accrus à mesure que la civilisation introduisait un plus grand besoin de bien-être dans tous les rangs de la société.

Présentement, il est alloué par jour :

De 0 fr. 75 à 1 fr. 10 aux enfants astreints à huit heures de travail ;
1   25 à 1   50 à ceux travaillant douze heures ;
1   50 à 1   » aux enfants de seize à dix-huit ans ;
2   » à 3   » aux simples journaliers ;
3   » à 4   50 aux hommes à la tâche. (Ceux-ci sont beaucoup plus nombreux que les journaliers, et si la tâche produit quelquefois moins, il arrive aussi qu'elle produise un peu plus.)
1   10 à 2   » aux femmes.
Enfin 1   75 à 2   50 à celles qui travaillent à la tâche.

L'industrie d'Elbeuf n'a pas un capital d'exploitation de moins de 40 millions ; ce qu'explique le renouvellement en deux fractions égales de son chiffre d'affaires, la nouveauté ayant spécialement deux saisons distinctes : celle d'hiver et celle d'été ; et soit que le capital dont il s'agit appartienne à la fabrique elle-même, soit que le crédit lui en avance une partie, le capital roulant doit avoir l'importance qui vient de lui être attribuée.

Cinq maisons de banque, jointes aux maisons de commerce pour les laines, facilitent toutes les opérations de la fabrique.

Cette première considération, fortifiée de celle qui va suivre, a motivé une récente demande de conversion de la Chambre consultative des arts et manufactures en Chambre de commerce.

La demande dont il s'agit est, en effet, fondée *a fortiori* sur le concours très-développé que le commerce d'exportation est venu donner à l'industrie.

Le marché français tient le premier rang dans la consommation des produits de la cité.

L'activité intelligente qui distingue particulièrement les fabricants d'Elbeuf fournit le premier élément de succès aux négociants intermédiaires qui, pour leurs commandes, ont besoin d'une livraison exacte et conforme.

Avec l'assurance de ces garanties indispensables, des maisons d'exportation ont pu ouvrir des débouchés qui ont notablement élargi le cercle de l'action elbeuvienne.

C'est ainsi qu'il s'opère un mouvement continu de transactions beaucoup plus étendues qu'autrefois, et qui met la fabrique en rapport non-seulement avec la France, mais encore avec l'Italie, l'Espagne, l'Afrique, les échelles du Levant et presque tous les États des deux Amériques.

Enfin, cet autre fait que les produits de plusieurs fabriques similaires viennent s'offrir à la vente sur le marché d'Elbeuf, concurremment avec ceux dont elle l'alimente sans cesse elle-même, est une démonstration de plus que le commerce y a complété ses droits de cité.

Ici se présente cependant la question des oscillations et des crises : dans ces derniers temps, celle de l'Amérique n'a pas manqué de réagir fortement sur la prospérité du commerce et de l'industrie ; les révolutions de 1830 et de 1848 y avaient marqué leur sillon de dépérissement et de chômage ; les crises alimentaires y ont, par intervalles, causé bien des souffrances ; mais toutes les fois que s'agitent les questions douanières, le travail se ralentit comme par enchantement, car il est impossible de se dissimuler que l'industrie d'Elbeuf, quelque avancée qu'elle soit, et malgré ses efforts persévérants, tient essentiellement aux mesures de protection. — Elle lutte, au surplus, contre une foule d'inégalités économiques ; la perfection progressive de ses produits ne peut qu'atténuer, sans toutefois le faire disparaître, l'effet de la cherté des objets nécessaires à la vie, et de l'obligation d'aller s'approvisionner au loin des houilles, des laines et de beaucoup d'autres matières premières.

Sous le bénéfice de ces observations, la ville d'Elbeuf peut s'honorer du rang qu'elle a su conquérir dans toutes les expositions où les produits de son industrie ont paru.

Elle a obtenu :

En l'an IX, — Une médaille en bronze et une mention honorable.

En l'an X, — Quatre médailles : deux d'argent, deux de bronze.

En 1806, — Une médaille d'argent et une citation.

En 1819, — Huit médailles : une d'argent, sept de bronze, une citation.

En 1823, — Cinq médailles : une d'or et quatre d'argent.

En 1827, —
- Une décoration ;
- Cinq médailles : deux d'or, une d'argent, deux de bronze ;
- Deux rappels de médailles : l'une d'or, l'autre d'argent.

En 1834, —
- Une décoration ;
- Neuf médailles : deux d'or, cinq d'argent, deux de bronze ;
- Deux rappels de médailles : l'une d'or, l'autre d'argent ;
- Trois mentions honorables.

En 1839,
- Une décoration ;
- Huit médailles : deux d'or, quatre d'argent, deux de bronze ;
- Trois rappels de médailles : d'or, d'argent et de bronze ;
- Plusieurs mentions honorables.

En 1844,
- Une décoration ;
- Dix médailles : quatre d'or, deux d'argent, quatre de bronze ;
- Onze rappels de médailles : quatre d'or, quatre d'argent, trois de bronze ;
- Deux mentions honorables.

En 1849,
- Une décoration ;
- Sept médailles : une d'or, deux d'argent, quatre de bronze ;
- Six rappels de médailles : quatre d'or, deux d'argent ;
- Plusieurs mentions honorables.

En 1851,
- A l'exposition universelle de Londres : une croix d'officier de la Légion-d'Honneur, à l'occasion de cette exposition, et deux médailles de deuxième classe.

Enfin, à l'exposition universelle de 1855, sur cinquante-quatre exposants admis, et sur la présentation de quarante collaborateurs :

- La grande médaille d'honneur ;
- Une médaille d'honneur en or et une décoration ;
- Quatorze médailles de première classe, ou d'argent ;
- Trente-sept médailles de deuxième classe, ou de bronze ;
- Treize mentions honorables.

La ville d'Elbeuf a pour principal revenu les ressources de son octroi municipal, mais l'urgence de faire concorder tous les services avec les progrès rapides de son existence manufacturière l'a forcée de recourir souvent à des emprunts, et d'y affecter le maximum de centimes additionnels autorisé par la loi.

Elle use également de tous les centimes spéciaux à l'instruction primaire et aux chemins vicinaux.

Elle possède et subventionne en totalité ou en partie, au moyen de ses recettes ordinaires et extraordinaires, toutes les institutions qui peuvent éclairer, instruire, moraliser ses nombreux travailleurs, et les secourir, quand leurs forces sont épuisées par le travail, ou quand la vieillesse les condamne au repos.

Elle a une Caisse d'épargnes, plusieurs Sociétés de secours mutuels dont la principale est un puissant trait-d'union entre les ouvriers de fabriques ; une Crèche, deux Asiles pour l'enfance, des Écoles chrétiennes et laïques pour l'un et l'autre sexe, où l'enseignement est gratuit ; une Société de Saint-Vincent-de-Paul, un Bureau de bienfaisance, une Maison d'assistance pour les ouvriers invalides âgés de moins de 70 ans et, sous la direction des pieuses filles de la Charité, un Hospice de vieillards septuagénaires et d'incurables, un Hôpital de malades, enfin un Dispensaire.

Elle est encore en possession d'une Société de charité maternelle, et d'un Orphelinat de cent jeunes filles que la pensée religieuse couvre de sa tutelle et qu'elle a converti en Ouvroir, afin de faire contribuer les travaux d'aiguille, de blanchissage et de lingerie des plus âgées à l'alimentation des plus jeunes.

Le culte catholique y compte deux églises et bientôt une

troisième, dont l'érection sera due à des souscriptions augmentées d'une subvention communale.

Le culte protestant a également un temple à Elbeuf.

On conçoit que l'industrie rende encore plus nécessaires que là où elle n'existe pas, toutes ces fondations de prévoyance, d'assistance, d'instruction et de piété.

La Société industrielle, qui est sur le point de fonctionner, aura une action des plus encourageantes, au milieu de toutes ces conquêtes de la civilisation moderne, dont la sage et salutaire influence est un frein indispensable à l'envahissement des mauvaises passions et à l'abus des liqueurs alcooliques.

L'esprit des classes aisées est, dans ses tendances, de plus en plus disposé à se montrer humain et conciliant à l'égard des classes pauvres, et à effacer toute trace de discorde et de conflit entre les patrons et les ouvriers; la paix publique est la meilleure garantie de la prospérité manufacturière.

L'ordre dans la cité ne lui est pas moins indispensable; il est en voie d'être assuré par une forte organisation de la police municipale, sous la direction d'un commissaire central, ayant pour point d'appui une lieutenance de gendarmerie, de formation récente, et le cantonnement d'un bataillon d'infanterie de ligne.

La ville manquait d'air et d'espace, elle avait démesurément d'abord, pour y obvier, reculé ses limites; un plan général d'alignement, destiné à en ramifier et à en concentrer utilement les voies publiques, commence à s'exécuter; de nouvelles places et rues se sont ouvertes et se construisent; les quais prolongés sont devenus plus spacieux, et l'industrie aura le champ libre pour donner à ses ateliers, à ses chantiers et au mouvement de toute nature qui s'y rattache les proportions progressives dont elle est susceptible.

Elbeuf est traversé par un cours d'eau que la plupart des teinturiers ont abandonné pour aller aligner un long cordon de pontons sur les bords de la Seine, dont les eaux conviennent mieux au lavage des laines ; mais ce cours d'eau en a conservé quelques-uns ; il sert, en outre, à une foule de besoins domestiques.

Neuf puits artésiens produisent à fleur de sol trois à quatre cents litres d'eau par minute, qui servent, avec les eaux chaudes des pompes à feu, au lavage du linge, après avoir été utilisées dans un nombre égal de manufactures.

Un grand réseau d'aqueducs conduit à la Seine les eaux industrielles qui, naguère encore, grossissaient surabondamment les ruisseaux des voies publiques, et gênaient la circulation.

Des abattoirs et fondoirs compléteront, l'année prochaine, les conditions d'assainissement qu'une commission instituée pour l'amélioration des logements insalubres seconde à un autre point de vue.

On doit au Conseil municipal, où prévaut l'élément manufacturier, et à la Chambre consultative des arts et manufactures l'initiative éclairée des mesures qui ont en quelque sorte transformé la cité.

La loi limitative des heures de travail est strictement observée à Elbeuf, il en est de même de celle relative aux conventions en matière de tissage et de bobinage entre les patrons et les ouvriers ; enfin, l'inspection du travail des enfants dans les manufactures ne rencontre point d'obstacles ni d'infraction à la légalité.

Elbeuf est moins une ville d'agrément que de labeur ;

la part de la distraction et du plaisir y est peut-être trop restreinte : à l'exception d'un Cercle commercial, d'une Salle de spectacle et d'un Cirque, qui peuvent faire diversion au travail de chaque jour, l'homme désœuvré n'y trouve pas d'autre emploi pour ses loisirs; les promenades, à l'intérieur, se bornent aux avenues d'un champ de foire et à la chaussée qui prolonge le pont suspendu d'Elbeuf à St.-Aubin; il n'y a pour séduire les visiteurs, à l'extérieur, que l'aspect pittoresque des sites environnants. Aussi rencontre-t-on à Elbeuf un très-petit nombre d'oisifs : la ruche semble n'y avoir organisé que ce qui peut être un attrait pour les agglomérations laborieuses.

Tous les éléments de vie et d'activité qui se prêtent, dans la présente étude, une assistance réciproque promettent à l'avenir industriel et commercial de la ville d'Elbeuf la continuation de la renommée qu'elle a si justement acquise, par sa persévérance dans le travail et par la droiture de ses transactions sur tous les marchés de la France et de l'étranger.

SUPPLÉMENT A L'ÉTUDE FAITE, EN 1858, SUR L'IMPORTANCE COMMERCIALE ET MANUFACTURIÈRE DES VILLE & CANTON D'ELBEUF.

MESSIEURS,

En 1842, lorsque l'Association normande, qui tenait à Rouen sa neuvième session, voulut bien en suspendre momentanément les travaux et venir, le 24 juillet, honorer d'une visite la ville d'Elbeuf, j'administrais en qualité de maire cette cité qui avait déjà reçu tant de développements, et qui n'était pourtant qu'au commencement de sa croissance, eu égard à ce qu'elle est actuellement et à ce qu'elle porte peut-être en elle d'espérance pour l'avenir.

Notre industrie et notre commerce grandissaient à l'abri du régime prohibitif; nous étions relativement loin des réformes douanières qui nous ont étonnés, sans aucun doute, mais qui n'ont point encore enrayé jusqu'à présent notre marche progressive, ni déterminé de notre part la moindre défaillance.

L'Association normande, en nous prenant à l'improviste, rencontra chez nous l'accueil le plus empressé et le plus cordial, quoiqu'elle ne nous trouvât pas précisément préparés pour la recevoir, comme nous aurions voulu l'être; elle ne nous accordait, au surplus, que de très-courts instants, et ne pouvait jeter qu'un coup-d'œil rapide sur notre situation manufacturière.

Cependant, après avoir examiné plusieurs établissements industriels, elle se réunit à l'Hôtel-de-Ville, où le temps dont elle avait à disposer n'en fut pas moins sérieusement rempli par des discussions des plus intéressantes.

J'eus l'honneur de lui soumettre, dans cette unique séance, un précis de statistique générale de notre industrieuse cité, auquel elle a daigné donner place dans l'*Annuaire* de l'année suivante, et il me paraît également à propos, par voie de rapprochement et de conséquence, de lui présenter aujourd'hui, dans un nouveau travail, les moyens de se rendre compte des progrès accomplis pendant l'intervalle qui sépare sa visite antérieure du Congrès qu'elle vient d'ouvrir, à notre grande satisfaction.

Dès-lors, et quoique j'aie cessé de diriger depuis longtemps l'administration municipale, je me suis demandé s'il ne me suffisait pas, pour me mettre à l'œuvre, d'y avoir participé sans discontinuation à divers titres, et d'avoir, en un mot, suivi jour par jour tous les faits qui s'y rattachent dans la période de vingt années dont nous avons à nous occuper.

J'avais publié, d'ailleurs, en 1858, une brochure intitulée : « *Étude sur l'importance commerciale et manufacturière des ville et canton d'Elbeuf,* » et cette étude, dont la date est tout au plus de quatre ans, n'a pas encore reçu du temps une altération assez profonde pour qu'elle ait besoin d'être sensiblement modifiée.

J'avais, en outre, livré à la même publicité une autre brochure sur le *Projet de remplacement de la Chambre consultative des arts et manufactures par une Chambre de commerce*, présentement converti en fait.

J'ai donc pu croire et me répondre à moi-même que ces deux brochures, dont je fais hommage à l'Association, seraient pour elle, et pour les recherches comparatives qui peuvent être dans ses intentions, un double élément d'appréciation qu'il ne s'agissait plus que de compléter par d'autres notes et documents que j'ai essayé de recueillir, et sur lesquels je prends la respectueuse liberté d'appeler sa bienveillante attention, sous forme d'appendice.

Je dois, toutefois, faire observer ici que s'il ne m'a pas été possible, en 1862, de procéder aussi méthodiquement, avec autant d'ordre et peut-être d'esprit de suite qu'en 1842, les deux brochures que je viens de rappeler et l'appendice développé que j'y joins n'en permettront pas moins à l'Association, j'ose l'espérer, pour peu qu'elle veuille les rapprocher des aperçus insérés dans l'*Annuaire* de 1843, de s'édifier sur ce qui s'est produit d'utile à près d'un quart de siècle de distance dans la ville d'Elbeuf, dans le triple intérêt de son avancement économique, du bien-être moral, intellectuel et matériel de sa population ouvrière et de sa prospérité industrielle.

Cela dit, sous l'inspiration du seul désir d'apporter ma faible part de concours aux travaux de la Compagnie dont je m'honore de faire partie, et dans l'espérance que d'autres communications pourront encore lui venir plus efficacement en aide, j'entre en matière.

Population.

La population, qui était en 1841 de 14,646 habitants, est présentement de 19,988.

Les recensements intermédiaires avaient donné :

Pour 1846. . . . 16,054 habitants.
— 1851. . . . 17,223 —
— 1856. . . . 18,821 —

La population flottante qui était évaluée, en 1842, à 8,000 habitants, répond proportionnellement à l'augmentation numérique de la population sédentaire, c'est-à-dire que le chiffre de 10,000 peut lui être attribué.

Elle a la même raison d'être qu'à cette époque; elle obéit à des tendances identiques, c'est-à-dire aux séductions qui font préférer l'existence de la ville à celle des campagnes, et surtout à l'appât d'un salaire plus élevé.

Le mouvement de l'état civil, en 1862, présente les résultats suivants :

NAISSANCES.

Garçons. . . . . . 371 } 695
Filles. 324

Au nombre desquelles les naissances des enfants naturels ne dépassent pas 82.

Mariages. 204

DÉCÈS.

Sexe masculin : Garçons . . . 185 ⎫
            Hommes mariés. 86 ⎬ 299
            Veufs. . . . . 28 ⎭
Sexe féminin : Filles. . . . 179 ⎫
            Femmes mariées 75 ⎬ 311
            Veuves. . . .   57 ⎭
                                 ───
                                 610

Les enfants morts-nés ne figurent au registre des décès que pour le chiffre de 33.

D'après le recensement de 1862, la population du canton, qui est de 37,503 habitants, se répartit ainsi :

Caudebec-lès-Elbeuf. . . . 6,903 hab.
Cléon.   522
Elbeuf 19,988
Freneuse.   570
Lalonde.   1,645
Orival. 1,740
St.-Aubin-Jouxte-Boulleng. 1,732
St.-Pierre-lès-Elbeuf. . . 3,238
Sotteville-sous-le-Val. . . 315
Tourville-la-Rivière . . .   850
                            ──────
                         37,503 hab.

Voirie urbaine.

L'ensemble des voies publiques qui relient toutes les parties de la ville entr'elles est de 85.

Il faut y ajouter : 7 places, 4 passages, 4 impasses.

On remarque particulièrement la place du Champ-de-Mars, dont les abords ont subi une complète transformation. Elle est désormais entourée de quatre grandes voies publiques, où se trouve reporté tout le mouvement qui devait rester en dehors de sa destination spéciale.

Les rues des nouveaux quartiers sont larges et spacieuses; le plan général d'alignement, qui ne peut recevoir qu'à la longue son exécution, remédiera autant que possible, pour celles des anciens quartiers, aux irrégularités que ne tolèrent plus les temps modernes; mais la ville primitive étant resserrée entre la montagne et la Seine, il sera toujours difficile de les aérer, d'y faire pénétrer le soleil et de satisfaire aux exigences de la circulation dans les conditions qui favorisent et encouragent le développement continu de la nouvelle ville.

L'Administration donne une protection égale à tous les intérêts sans distinction; cependant, elle paraît avoir compris jusqu'à présent qu'il y a justice à faire pencher la balance vers le côté d'où la vie se retire, afin d'essayer de l'y rappeler, tandis que, là où elle est exubérante, l'impulsion publique n'est pas toujours aussi nécessaire.

Les rues principales sont présentement bordées de trottoirs, et cette mesure, d'une incontestable utilité pour la sûreté du passage des piétons, tend à se généraliser dans un avenir prochain.

Depuis plusieurs années, la ville a fait construire, sous le sol de ses diverses voies publiques, un réseau considérable d'aqueducs pour recevoir et conduire jusqu'au fleuve les eaux sauvages dont l'irruption accidentelle avait souvent causé de grands ravages, et les eaux industrielles qui, par leur abondance de plus en plus marquée, étaient une entrave permanente à la circulation.

Ces aqueducs, établis sous les rues de l'Hospice, Royale, St.-Jean, de la Barrière, de Paris, de Caudebec., du Cours, Constantine, Henri, et Solférino, ont un parcours collectif de 2,932^m.75.

Leur largeur varie entre 0^m. 80., 1^m. 20, 1^m. 70 et 2^m. 20, et leur hauteur est de 1^m. 65 à 1^m. 80.

La ville a pu faire cette dépense, qui s'est élevée à 272,293 fr. 36 c., de même que celle des trottoirs, avec le concours de l'usage local, dont l'*Annuaire* de 1843 a expliqué les ressources, et qui met à la charge de la ville pour un tiers, et des riverains pour les deux autres tiers, des travaux si profitables à tous et à chacun.

L'augmentation des fontaines publiques serait une amélioration non moins impatiemment attendue; l'*Annuaire* de 1843 a mentionné leur nombre, à l'occasion des puits artésiens, sur lesquels il n'y a rien de neuf à dire, et ce nombre est resté stationnaire.

Plusieurs projets se sont produits sans qu'ils aient abouti encore à leur extension numérique; un plus grand nombre de fontaines est pourtant indispensable, autant pour assainir les voies publiques que pour distribuer l'eau nécessaire aux habitants eux-mêmes; et c'est une raison d'espérer que l'édilité elbeuvienne, qui a la conscience de ses devoirs, finira par en faire l'objet d'études définitives.

Les constructions riveraines de la voie publique et autres attestent une progression sensible dans l'art de construire, partout où elles se sont élevées pendant les vingt dernières années; le mariage de la brique et de la pierre donne aux maisons ainsi bâties un aspect des plus gracieux, et généralement à Elbeuf toutes les constructions récentes sont du meilleur goût; elles ne flattent pas seulement l'œil beaucoup plus que par le passé, à l'extérieur, elles sont encore aménagées plus confortablement à l'intérieur ; elles répondent enfin à toutes les aspirations de bien-être que réclame l'avancement de la civilisation.

Quais.

L'ancien quai d'Elbeuf était, en 1842, circonscrit entre les rues de Seine et des Débardeurs, dans un espace de 194^m. de longueur sur 20^m. de largeur ; mais il n'était plus possible d'y laisser concentrer tout ce que la navigation fluviale apporte au port d'Elbeuf et tout ce qu'elle en emporte, tant pour la ville que pour le département de l'Eure. Il était devenu d'absolue nécessité de tenir compte de l'affluence toujours croissante des voyageurs allant d'Elbeuf à Rouen, et *vice versa* ; de l'arrivée des laines et du départ des produits fabriqués, par les bateaux à vapeur ; du débarquement des matériaux de construction et des houilles, etc. Le Conseil municipal et la Chambre consultative s'en préoccupèrent très-sérieusement, et moyennant le concours d'une subvention communale que l'on peut évaluer au tiers de la dépense, l'État, à leur vive et pressante sollicitation, a fait construire, en 1857, 71^m. de quai neuf sur 30^m. de largeur, en aval, à partir de l'ancien quai jusqu'à l'établissement de la Morgue, nouvellement créé ; et en amont, entre l'extrémité orientale du Champ-de-Mars et la rue de Seine ; en 1858, 1859 et 1860, un autre quai de 580^m. d'étendue sur 24^m. de largeur : en sorte que la longueur des quais, dans leur ensemble, est présentement de 845^m.

Il parait même probable que prochainement ces quais seront continués sur toute la partie du territoire que baigne la Seine, pour ne plus s'arrêter que là où commence la commune de Caudebec-lès-Elbeuf.

Halles, foires et marchés.

Il n'y a eu qu'un petit nombre de modifications apportées depuis 1842 à la tenue et à la destination des halles, foires et marchés. La place Lemercier a obtenu des étaux couverts.

La même mesure, partielle toutefois, a été appliquée à la place St.-Louis.

Dans la rue St.-Jean, la suppression du marché au poisson a fait place à un marché aux fleurs, et des travaux sont en cours d'exécution pour établir sur une nouvelle place, entre les rues Berthelot et Henri, quatre pavillons destinés à recevoir un nouveau marché au poisson.

Chacun de ces pavillons sera supporté par dix colonnes en fonte, d'un modèle très-séduisant; le marché sera disposé dans les meilleures conditions pour sa spécialité. Le Conseil municipal a voté, à cet égard, un crédit de 25,000 fr.

Chemins vicinaux.

Le tableau de classification des chemins vicinaux a été fort peu modifié à partir de 1842.

Il en contenait alors 25, auxquels sont venus s'ajouter: 1°. un chemin d'Elbeuf au Buquet, d'une étendue de 1,530^m.; 2°. un autre chemin d'Elbeuf à Lalonde, de 1,610^m.

Ils ont, tous les deux, 6^m. de largeur et sont rangés dans la première classe du tableau.

Le chemin, n°. 12, d'Elbeuf à La Saussaie a été complètement remanié; il est très-fréquenté; et comme les voitures et le roulage paraissent le préférer en allant au

Neubourg ou lorsqu'ils en viennent, afin d'éviter la côte rapide qui porte ce nom à la sortie de la ville, le Conseil municipal a itérativement proposé à l'Autorité départementale de substituer son parcours à celui de la route départementale, n°. 2, de Rouen au Mans, pour tout l'espace qu'il suit, jusqu'à son point extrême, à peu près parallèlement à cette route. Le Conseil d'arrondissement s'est montré favorable à la mesure, qui serait l'heureuse rectification d'une rampe presque inaccessible à certaines époques de l'année ; mais le Conseil général du département ne s'est point encore prononcé.

Le service des chemins vicinaux, dont la mise en état est à juste titre l'objet de la plus active impulsion du Gouvernement sur les diverses parties du sol français où ils relient tant d'intérêts en les vivifiant, est spécialement, pour le canton d'Elbeuf, au niveau des nécessités de l'époque moderne et d'une civilisation avancée. La ville y consacre des ressources suffisantes, et ses sacrifices, loin d'être stériles, justifient amplement le but qu'elle veut atteindre.

Chemins d'intérêt commun.

Le chemin de grande communication, n°. 18, d'Elbeuf à Rouen, par Oissel, n'a point encore changé de dénomination ; mais le moment approche où il sera converti en route départementale, en réalisant les vœux de toute la ville, qui n'a point cessé depuis de longues années de réclamer ce changement.

Justice tardive, il est vrai ! mais justice, enfin, puisqu'à partir du jour où il a été livré à la circulation, ce chemin a fait double emploi avec la route départementale, n°. 7, d'Elbeuf à Rouen par le Grand-Couronne, qui a été aussitôt littéralement abandonnée.

Une autre communication d'intérêt commun avec les localités de la presqu'île de St.-Aubin, celle d'Elbeuf à Trouville, vient d'être prolongée jusqu'à Sénarpont, en rattachant à la ville d'Elbeuf tout le canton de Boos, d'où elle peut tirer beaucoup de provenances alimentaires et autres.

La vie est si chère dans tout le canton que tout ce qui contribuera à en abaisser le prix et à amoindrir le taux de la main-d'œuvre, sans que la classe ouvrière en puisse souffrir, sera considéré comme un bienfait et servira efficacement les intérêts économiques de la cité.

Le chemin d'Elbeuf à Sénarpont pourra néanmoins perdre une partie de son importance dès que le chemin de fer de Rouen à Serquigny sera définitivement inauguré, et que les relations entre Paris, d'une part, et la Basse-Normandie, d'autre part, auront sur la voie ferrée un point de départ local.

Routes départementales.

Il n'a point été fait d'addition dans les vingt dernières années aux trois routes départementales, n° 2, de Rouen au Mans; n° 7, de Bourgtheroulde à la Feuillie; n° 36, d'Elbeuf à Louviers.

Elles sont toutes très-bien entretenues et elles secondent parfaitement les intérêts de la ville dans les divers rayons où s'étendent ses relations, au point de vue respectif pour lequel a eu lieu la création de chacune d'elles. Les services de diligences et d'omnibus qui les parcouraient se sont augmentés en proportion de l'importance toujours croissante du commerce et de l'industrie.

Navigation fluviale.

Il en a été de même de la navigation fluviale, qui, soit

pour le transport des voyageurs, soit pour celui des marchandises, s'est relativement multipliée.

Chemin de fer.

La Compagnie des chemins de fer de l'ouest a méconnu ses véritables intérêts et le trafic que pouvait lui promettre un foyer de production comme celui d'Elbeuf, en tardant trop à le recueillir.

Il est à jamais regrettable que la ligne principale de Paris à Rouen n'ait traversé ni Louviers ni Elbeuf dans le principe, quand il eût été si facile de placer sur son parcours ces deux agglomérations manufacturières. Il est encore à craindre, pour la Compagnie, qu'à défaut d'avoir pu rapprocher le débarcadère du chemin de Rouen à Serquigny du centre d'activité des affaires commerciales et industrielles, elle ne donne une large prise sur elle à la navigation fluviale, principalement dans la direction de Rouen. C'est là, au surplus, une question d'avenir, qu'il peut être prématuré de vouloir préjuger.

Quoi qu'il en soit, l'ouverture de la ligne n'en est pas moins ardemment désirée, mais il semble que tout conspire pour son ajournement.

Ponts.

La presqu'île de St.-Aubin, dont la population s'élève, comme on l'a vu, à 2,989 habitants, n'avait qu'un bac pour communiquer avec Elbeuf, son chef-lieu de canton.

La formation probable d'une station à Tourville, à moindre distance de cette ville que celle du Pont-de-l'Arche, allait encore attirer un nouveau mouvement de ce côté.

Plusieurs considérations se réunissaient ainsi pour remplacer le bac par un pont.

Le passage de celui qui existe a été livré au public le 5 janvier 1843.

Ce pont, ouvrage aérien, est établi dans des conditions aussi satisfaisantes que peuvent l'être, en général, des ponts suspendus.

Il a été exécuté et terminé dans le délai de deux années par MM. Séguin frères, à la représentation de M. Charles Levavasseur, qui, à la suite d'une adjudication publique, en avait été déclaré le concessionnaire jusqu'au 5 janvier 1892.

Il y a donc 19 ans que M. Levavasseur exerce son privilége, avec un droit de péage :

De 05 c. pour une personne à pied, à cheval ou en voiture ;
— 10 c. par cheval ou mulet, chargé ou non chargé ;
— 01 c. par mouton, brebis, etc. ;
— 30 c. par voiture suspendue, à deux ou quatre roues, attelée d'un cheval ou mulet ;
— 60 c. par voiture à deux chevaux ou mulets ;
— 30 c. par chaque cheval ou mulet en sus ;

et conformément au cahier des charges qui lui a été imposé.

Les produits semblent avoir beaucoup grandi ; ils ont même dû plus que couvrir depuis plusieurs années les frais d'exploitation, les intérêts du capital engagé et son amortissement.

Toutefois, il est en ce moment question de jeter un autre pont sur la Seine, à moins de 500^m d'écartement, en amont ; la Compagnie des chemins de fer de l'ouest a pris l'obligation de le construire comme moyen d'accès au débarcadère qu'elle destine à la ville d'Elbeuf sur la ligne de Rouen à Serquigny, sans avoir égard au pont suspendu préexistant.

Le nouveau pont sera construit de manière à supporter le poids des plus lourdes voitures et sera exempt de tout péage ; mais il est très-désirable que la même immunité puisse s'étendre au pont suspendu par des arrangements à prendre avec le concessionnaire, si faire se peut, et que simultanément tous travaux utiles aient pour effet de présenter des garanties égales sur son parcours.

Édifices religieux.

La ville d'Elbeuf ne possédait, en 1842, que deux églises : celles de St.-Jean et de St.-Étienne.

Elles avaient pu, jusque-là, suffire à l'exercice du culte catholique ; mais on entrevoyait déjà que le développement considérable de la population, dans un rayon qui s'éloignait inévitablement de plus en plus du point où est située l'église St.-Jean, laisserait en dehors de la portée du pasteur de cette église une certaine portion de son troupeau, en exposant un grand nombre de familles ouvrières à tous les désordres moraux qu'entraîne à sa suite l'indifférence religieuse lorsqu'elle n'est point combattue.

Quand bien même un pareil éloignement n'aurait pas été, pour les familles établies plus particulièrement à l'extrême limite de la paroisse, un empêchement de fréquenter le lieu saint qui ne pouvait plus les contenir, il fallait ou songer à son agrandissement, ou mieux encore à en établir un autre au centre même des nouvelles habitations.

C'est à ce dernier choix que s'est arrêté un digne et respectable prêtre, l'ancien curé de St.-Jean, M. l'abbé

Poulain, dont on ne saurait trop louer le rare désintéressement et l'initiative qu'il a prise, puisqu'il n'a reculé devant aucun sacrifice.

Faire choix aussitôt d'un emplacement qui pût réunir toutes les convenances, appeler à son aide quelques généreuses assistances pour l'acquérir, compléter de ses propres deniers les ressources destinées au prix d'acquisition, l'offrir ensuite en pur don à la ville pour que l'on y construise une troisième église ; tel a été, pour M. l'abbé Poulain, le point de départ de l'œuvre à laquelle il s'est dévoué corps et âme.

L'élan étant une fois donné, et le Conseil municipal s'étant empressé de voter 200,000 francs pour l'exécution du projet, M. l'abbé Poulain s'est encore montré infatigable pour aller recueillir de toutes parts, *per domos*, avec le concours de tous les cœurs honnêtes, des souscriptions qui ne se sont pas élevées à moins de cent autres mille francs.

Depuis trois ans, l'église est en cours de construction, et, quoiqu'elle ne soit pas encore achevée, il est à peu près certain qu'elle sera livrée au culte dans le cours de la présente année.

On espère que S. Exc. M. le Ministre de l'instruction publique et des cultes daignera accorder une subvention indispensable pour la terminer.

L'adjudicataire des travaux est un entrepreneur d'Elbeuf, M. Duvallet, sous la direction de l'éminent architecte du diocèse de Rouen, M. Barthélemy, qui en a dressé les plan et devis.

La nouvelle église est sous la dédicace de Notre-Dame-de-l'Immaculée-Conception.

Édifiée selon le style gothique, elle a, indépendamment de son chœur et de son transept, trois nefs et deux rangs de chapelles latérales.

Elle présente, de part en part, 62^m. de longueur sur 28 de largeur.

Le développement de son portail, qui forme un avant-corps de 6^m. sur l'édifice, a une façade de 18^m. vers la rue du Neubourg.

Chaque extrémité du transept est close par une porte d'accès sur chacune des voies publiques auxquelles il aboutit ou doit aboutir; les pignons en sont terminés extérieurement par des fleurons sculptés.

La construction, dans son ensemble et dans ses détails, est d'un aspect infiniment gracieux, et l'exécution ne laissera rien à désirer.

Il y a lieu de constater l'érection d'un autre édifice religieux, dans des proportions beaucoup plus modestes.

Les cultes dissidents forment, à Elbeuf, une imperceptible minorité; cependant il s'y trouve un noyau de protestants avec leur pasteur, et c'est à l'aide de leurs efforts individuels, appuyés par une subvention de l'État, de 5,000 fr., qu'ils ont pu construire depuis une dizaine d'années un temple en rapport avec leurs besoins spirituels.

Contributions directes.

Les rôles généraux des quatre contributions directes pour l'année 1862 s'élèvent à la somme de 579,797 fr. 42 c.

Cette somme se divise comme suit :

Pour les dépenses de l'État.	352,466 fr. 24 c.
Pour les dépenses du département.	94,360 50
Pour les dépenses de la commune.	116,324 50
Pour fonds de secours, non-valeurs, réimpositions et frais d'avertissement.	16,646 18
Total.	579,797 fr. 42 c.

La division, par nature d'impôt, de la somme de 579,797 fr. 42 c. ci-dessus indiquée, présente les aperçus suivants :

1°. La contribution personnelle et mobilière.	86,119 fr. 38 c.
2°. Celle des patentes.	225,334 95
3°. La contribution foncière.	210,913 27
4°. Celle des portes et fenêtres.	57,197 07
Total.	579,564 fr. 67 c.

Il faut y ajouter, pour frais d'avertissement (contributions personnelle, mobilière et des patentes), 3,184 articles à 0 fr. 05 c. . . . . 159 f. 20
(Contributions foncière et des portes et fenêtres), 1,531 articles à 0 fr. 05 c. 76 55
} 235 75

579,797 fr. 42 c.

Les résultats généraux de la matrice des patentes sont, pour l'année 1862, ceux-ci :

1°. Nombre d'articles de la matrice.	2,226
2°. Nombre de droits fixes ou portions de droits fixes imposés sur des établissements principaux.	1,720
3°. Id. sur des établissements secondaires.	266
4°. Nombre de patentables au tableau D, non passibles du droit fixe.	44
5°. Nombre de formules de patentes délivrées.	1,892

6°. Principal droit fixe. . . . . 60,475 fr. 37 c.
Droit proportionnel. 77,865   24
                                    ─────────────
                                    138,340   61
7°. Centimes additionnels de toute
nature. 86,991   34
                                    ─────────────
                                    225,331 fr. 95 c.

Contributions indirectes.

Les contributions indirectes dans le canton d'Elbeuf, en 1861, se répartissent dans l'ordre ci-après:

Droits au comptant et constatés chez les assujettis dans chaque ville.		Nombre de débits.
Elbeuf.	483,767 fr. 84 c.	332
Caudebec-lès-Elbeuf. . .	94,444 06	73
St.-Pierre-lès-Elbeuf. . .	8,292 11	33
St.-Aubin-Jouxte-Boulleng	11,527 29	31
Lalonde.	9,522 52	21
Orival	27,494 15	36
	635,047 fr. 97 c.	526

Le nombre des débits est:
A Elbeuf, dans la proportion de 1 débit par 60 hab.
A Caudebec,   d°.   d°.   94
A St.-Pierre,   d°.   d°.   98
A St.-Aubin,   d°.   d°.   55
A Lalonde,   d°.   d°.   78
A Orival,   d°.   d°.   49

Enregistrement.

Les produits du Bureau de l'enregistrement d'Elbeuf, dixième compris, se sont élevés, en 1861, à 494,060 fr. 17 c.

Ils se subdivisent en trois articles principaux :
Art. 1er. — Enregistrement, greffe, amendes, frais de justice . . . . 431,655 fr. 99 c.
Art. 2. — Timbre débité et visa. . . . 53,258 26
Art. 3. — Produits divers, domaine et forêts, etc. 6,145 92
                                          491,060 fr. 17 c.

La ville d'Elbeuf peut être considérée comme concourant pour les huit dixièmes à la formation en recette de ces produits, soit pour 392,948 fr.

Revenus municipaux.

Les recettes ordinaires prévues au budget de l'exercice 1861 pour 329,717 francs 49 centimes ont été réalisées pour. . . . . 359,458 fr. 09 c.

Les recettes extraordinaires prévues pour 89,122 fr. l'ont été pour . . . 96,573 66

La ville a donc eu à disposer de . . . 456,031 fr. 75 c.

Mais les recettes de la première catégorie constituent seules les revenus proprement dits ; celles de la deuxième catégorie n'ont ou plutôt ne devraient avoir qu'un caractère transitoire, si la force des choses et l'impulsion qu'il est indispensable de donner à une cité qui grandit sans cesse ne semblaient devoir les rendre à peu près permanentes.

Les principaux articles de recette ordinaire, c'est-à-dire ceux sur lesquels s'appuie la fortune communale à l'état normal, sont les produits :

De cinq centimes additionnels au principal des contributions foncière, personnelle et mobilière (7,989 fr. 65 cent.).

Des attributions sur les patentes (11,095 fr. 75 c.).
De la location des maisons et propriétés communales (2,760 fr.).

D'une rente sur l'État, de 1,535 fr., provenant d'une donation de M. Henri Sevaistre, ancien député et ancien maire.

Des droits d'octroi, de 238,594 fr. 89 c.

De l'affermage des droits de place (24,100 fr.).

De la location des étaux sur les places (1,511 fr. 55 c.).

De l'affermage des boues et fumiers.

De celui de l'enlèvement des urines.

De l'intérêt des fonds placés au Trésor.

Des amendes de police.

Des droits de voirie.

Des concessions dans les cimetières.

Des droits d'attache au quai de débarquement.

De l'attribution d'une partie du prix des permis de chasse.

De trois centimes additionnels au principal des quatre contributions directes (instruction primaire).

De cinq centimes additionnels d°. (chemins vicinaux).

De la taxe municipale sur les chiens (5,120 fr.).

Des droits à percevoir sur les boulangers, pour occupation de magasin de réserve des farines (6,101 fr. 73 c.).

Des abattoirs et fondoirs.

Les recettes extraordinaires sont alimentées par les produits :

De vingt centimes additionnels au principal des quatre contributions directes (66,492 fr. 70 c.).

De 3 % sur le montant de ces vingt centimes, pour frais de perception (3,115 fr.).

D'une taxe additionnelle d'octroi sur les vins, les

avoines et les bois de construction (12,133 fr. 31 c.).

D'une autre taxe additionnelle sur les alcools (Loi du 31 mars 1859) (14,832 fr. 65 c.).

L'importance d'un centime additionnel qui était, en 1841 de 2,000 fr., s'est élevée en 1861 à 3,328 fr. 63 c. C'est là un indice tout-à-fait évident de l'accroissement des valeurs imposables.

Capitation.

La capitation pour les impositions directes et indirectes était, en 1841, avec l'adjonction des droits d'enregistrement et d'après un chiffre de 14,650 habitants, de 46 fr. 41 c.; en 1862, elle peut être évaluée à 67 fr. 05 c. sur la base du chiffre de population de 19,988 habitants, résultant du dernier recensement.

La capitation pour ces mêmes impositions, cumulées des taxes d'octroi, a monté parallèlement de 59 fr. 61 c. en 1841, à 80 fr. 33 c. en 1861.

Charges municipales.

Dépenses ordinaires prévues en 1861 pour 258,503 fr. 26 c., soldées par . . . . . . 254,346 fr. 87 c.
Dépenses extraordinaires prévues pour 172,866 fr. 88 c., soldées par . . 172,105 22
                                                                    426,452 fr. 09 c.

Dans la première catégorie de ces dépenses, la ville a affecté :

10,243 fr. à ses frais d'administration (tenue de l'état civil comprise).

4,825 fr. aux remises de son receveur municipal.

24,768 fr. à ses frais de police, traitement d'un commissaire central, de son secrétaire, de deux commissaires, d'un inspecteur et de neuf appariteurs (pour l'habillement de ceux-ci, divers loyers et frais de bureau).

650 fr. au traitement d'un garde-champêtre.

5,000 fr. au traitement d'un architecte.

32,595 fr. aux frais de perception des droits d'octroi.

1,500 fr. à la tenue du Conseil des prud'hommes.

1,800 fr. à celle de la Caisse d'épargnes et de prévoyance.

1,800 fr. aux frais des abattoirs et fondoirs.

1,047 fr. aux charges contributives et à l'assurance des propriétés communales.

8,162 fr. au service des intérêts de capitaux restés dus sur les prix d'acquisition de quelques-unes de ces propriétés.

2,850 fr. à l'entretien des biens communaux, de l'Hôtel-de-Ville et des horloges.

8,600 fr. à l'entretien des rues pavées et non pavées et au traitement d'un cantonnier.

6,568 fr. à l'entretien des chemins de grande et petite vicinalité et au traitement de deux cantonniers ruraux.

2,891 fr. à l'entretien des promenades, des halles et marchés, des fontaines et aqueducs (curage compris).

2,000 fr. à l'entretien des pompes à incendie.

14,080 fr. à l'éclairage des voies publiques.

3,190 fr. au balayage de ces mêmes voies, à d'autres mesures d'assainissement et à l'enlèvement des neiges et glaces.

1,358 fr. au réglement des indemnités pour cession de terrain, en exécution du plan général d'alignement.

15,797 fr. au service de la garde nationale et aux frais de résidence de la garnison.

68,644 fr. à l'assistance publique (subventions à l'hospice communal et au bureau de bienfaisance, à l'hospice départemental des enfants trouvés, au traitement des aliénés qui tend à coûter annuellement 14,000 fr., et dont l'accroissement est imputable à l'abus des liqueurs fortes ; enfin, à la Société de charité maternelle).

21,507 fr. à l'instruction publique (asiles, écoles laïques et chrétiennes, garçons et filles, orphéon, bibliothèque).

2,000 fr. aux fêtes publiques.

6,000 fr. au service et à la location d'un lieu de dépôt pour l'approvisionnement de la boulangerie.

2,000 fr. aux dépenses imprévues.

Dans la deuxième catégorie, la plupart des dépenses acquittées s'appliquent pour :

3,000 fr. pour supplément de frais d'administration.

3,115 fr. à la perception des cotes additionnelles inscrites aux recettes extraordinaires (crédit d'ordre).

24,158 fr. au paiement des intérêts de divers emprunts.

74,333 fr. au remboursement d'une certaine portion du capital de ces mêmes emprunts, et de rentes portées en dépense ordinaire.

31,298 fr. au versement d'un à-compte sur les travaux d'une nouvelle église en cours de construction.

4,549 fr. au paiement de divers travaux supplémentaires, au théâtre qui a été complètement restauré, aux abattoirs et à un pavillon de secours pour les noyés (création récente).

3,422 fr. à celui de divers travaux neufs de pavage et d'empierrement sur la voie publique, selon les prescriptions de l'usage local, dont l'*Annuaire* de 1843 a fait ressortir les sages et utiles dispositions.

25,100 fr. aux frais d'élargissement de la rue aux Bœufs.

4,893 fr. à une certaine collection de pensions et secours à d'anciens employés, à défaut de constitution de caisse de retraite.

Les aperçus financiers qui précèdent ne mentionnent en aucune manière ni les recettes, ni les dépenses supplémentaires formant l'objet des chapitres additionnels au budget de chaque exercice.

On sait que ces chapitres se composent, en *recette*, de produits imprévus ou des produits dont le recouvrement s'est fait attendre, et de l'excédant de recettes constaté sur les dépenses en fin d'année budgétaire ; en *dépense*, de l'ensemble des restes qu'il n'a pas été possible de payer et des dépenses nouvelles auxquelles l'excédant de recettes permet de satisfaire.

Depuis quelques années, les chapitres additionnels municipaux ont été redevables à l'excédant de recettes précité, dont l'augmentation des produits d'octroi est le plus réel mobile, de ressources assez importantes pour que la ville pût en tirer parti.

Si l'on met en regard les recettes ordinaires et extraordinaires de 1861, de . . . . 456,031 fr. 75 c.
et les dépenses ordinaires et extraordinaires de. . . . . 426,452 09.
on retrouve, particulièrement en 1862, l'excédant dont il s'agit pour. . . . . 29,579 fr. 66 c.

Tous les ans, le produit du legs généreux d'un ancien manufacturier, M. Charvet, qui ne peut être connu pour son chiffre exact qu'après la clôture des budgets primitifs, y ajoute au moins 1,500 fr., sans préjudice d'autres recettes imprévues.

Enfin, l'écart entre les recettes ordinaires de .... 359,458 fr. 09 c.
et les dépenses ordinaires de   254,346   87

Soit de. .... 105,111 fr. 22 c.

est l'expression du capital que la ville peut, après avoir assuré tous ses services, consacrer à ses travaux d'utilité et d'embellissement, capital bien insuffisant néanmoins, puisqu'elle a été obligée, dans une situation qui lui commande toujours de nouveaux sacrifices, d'avoir recours au maximum des centimes additionnels autorisés par la législation, et qu'elle étudie présentement, afin d'obéir à la loi du progrès, un ensemble de projets à réaliser par voie d'emprunt, avec l'impérieuse nécessité d'en baser l'amortissement et les intérêts décroissants sur une extension de son tarif d'octroi.

Octroi municipal.

L'octroi est à Elbeuf en régie; les frais de perception s'élèvent au chiffre annuel de 32,595 fr. C'est un service fortement organisé, avec un personnel dont l'action incessante ne laisse rien à désirer.

Le tarif en vigueur n'est empreint d'aucune exagération; il pourra même être prochainement augmenté à certains égards, et subir l'addition nécessaire de quelques objets qui n'ont point encore été tarifés, afin de procurer à la ville les moyens de satisfaire aux exigences de ses développements de toute nature.

Un décret, du 10 avril 1858, a autorisé pour quatre années, de 1859 à 1863, la perception d'une taxe additionnelle sur divers objets compris dans le tarif.

Une loi, du 31 mars 1859, a surélevé de 5 fr. par

hectolitre, jusqu'au 31 décembre 1863, le droit sur les alcools.

L'ensemble des produits a été de :

    198,110 fr. 93 c. en 1857
    210,289   88 » 1858
    254,551   57 » 1859
    262,058   71 » 1860
    265,560   85 » 1861

C'est une moyenne quinquennale de 238,114 fr. 14 c.

D'après cette base, on peut évaluer ainsi la consommation locale, le chiffre de la population étant admis pour 19,888 habitants.

Liquides.

Vins . . 5,810 h. 25 ou 29 lit. 67 cent. par hab.
Cidres . 39,423 » 45 » 197 » 23 » d°.
Alcools. 3,086 » 97 » 15 » 44 » d°.
Bières . 3,382 » 41 » 16 » 72 » d°.

Comestibles.

Bœufs et vaches. 530,291 k. ou 49 k. 606 gr. par hab.
Veaux . . . . 222,997 » ou 11 » 156 » d°.
Moutons . . . 334,617 » ou 16 » 740 » d°.
Porcs . . . . 205,980 » ou 10 » 305 » d°.
Charcuterie . . 4,906 » ou 0 » 245 » d°.
Abats et issues. 49,580 » ou 2 » 480 » d°.
Huîtres . . . . 584,020 » ou 3 »   d°.

Combustibles.

Bûches et mabons. . . . . . . 4,280,500 stères.
Mabons avec racines. . . . . 331,700 d°.
Hagages. . . . . 114,590 d°.
Viquelins. . . . . 626,480 cents.

Cotrets . . . . 7,134,939 cents.
Charbon de terre et coke . . 29,540,798 kilog.
ou 29,540 tonnes 798 kilog.

Les quantités de ce dernier combustible introduites dans le rayon de l'octroi ont été de :

24,701,034 kilog. en 1857
28,246,161 » » 1858
27,386,846 » » 1859
31,992,726 » » 1860
35,377,225 » » 1861

Elles sont de provenances diverses et se répartissent de la manière suivante :

Provenances diverses.	1858.	1859.	1860.	1861.
	kil.	kil.	kil.	kil.
Houille française	2,775,024	2,640,375	2,222,500	2,338,525
» anglaise	15,871,357	13,537,461	19,990,221	17,917,240
» de Mons	4,472,090	7,542,820	4,471,320	9,194,330
» de Charleroi	5,127,690	3,666,690	5,308,685	5,927,130
TOTAL PAR ANNÉE	28,246,161	27,386,846	31,992,726	35,377,225

Fourrages.

Avoines . . . . 25,486 hect. 18
Fourrages secs . . . 1,739,061 kil. »
Fourrages verts . . . 226,278 » »

Matériaux.

Plâtre cru . . . . . 29,920,050 stères.
» cuit . . . . . 14,194 » 63
Ardoises . . . . . 688,206 mille.

Briques	7,011,392	mille.
Moëllons et bisets.	5,441,700	mèt. cubes.
Sables et graviers.	8,752,500	d°.
Pierres de taille.	1,450,430	d°.
Bois de construction	5,969,665	d°.
Bois travaillés	406,048	d°.
Lattes.	18,269	d°.

Abattoirs et fondoirs publics.

L'utilité (pour ne pas dire la nécessité) d'abattoirs et de fondoirs publics avait dû, comme partout où il existe une grande agglomération d'habitants, préoccuper sérieusement depuis long-temps l'édilité elbeuvienne.

L'administration actuelle a été assez heureuse pour recueillir le fruit des études aussi laborieuses qu'approfondies de ses devancières, et la ville d'Elbeuf a pu être enfin dotée d'un établissement qui a coûté près de 200,000 fr., achat de terrain compris, mais qui n'a plus besoin que de recevoir quelques développements pour être entièrement approprié à sa destination.

L'emplacement dont il a été fait choix est situé à l'une des extrémités de la ville, entre une route départementale qui côtoie les roches d'Orival et la Seine; il est dans une position des mieux choisies à tous égards.

Grâce à la mise en activité de l'établissement, les tueries et les fondoirs ont tout-à-fait disparu à l'intérieur de la cité; c'est une amélioration incontestable au point de vue sanitaire. Mais si l'on a pu craindre, de prime-abord, qu'elle dût avoir pour effet de renchérir le prix de la viande contrairement aux idées économiques qui commandent d'en rechercher l'abaissement dans l'intérêt de l'industrie, on commence à s'apercevoir que la boucherie y trouvera plus d'une compensation au déplacement auquel on a dû l'assujettir pour l'abattage des bestiaux, et que, même dans le cas où ces compensations auraient laissé quelques sacrifices, d'ailleurs de minime importance, à sa charge, la libre concurrence, finira par empêcher que l'alimentation publique ait à en souffrir.

Le produit des abattoirs a atteint, du 1er mai 1861 au 30 avril 1862, le chiffre de . . . . . 17,325 fr. 15 c.
dont il faut déduire les frais d'administration de . . . . 1,800 » »
                                                                    15,525 fr. 15 c.

Il ne s'est pas écoulé assez de temps pour apprécier, autant en recette qu'en dépense, les ressources et les charges financières qui peuvent résulter, pour la ville d'Elbeuf, d'une création dont le mérite est déjà justifié par des considérations d'un ordre différent.

Toutefois, l'aperçu suivant pourrait au besoin suppléer, à cause des inductions qu'il est facile d'en tirer, à l'absence d'éléments d'appréciation qui vient d'être signalée, seulement en ce qui concerne les quantités de bestiaux abattus durant cinq années dans le rayon de l'octroi.

En voici la nomenclature :

ESPÈCES	1857	1858	1859	1860	1861	Moyenne
Bœufs.	687	705	724	758	1,045	778
Vaches.	563	518	557	629	466	547
Veaux.	1,766	1,841	2,093	2,196	2,171	2,013
Moutons. . . .	4,949	4,815	5,267	5,485	5,865	5,276
Porcs.	1,495	1,717	1,796	1,860	1,709	1,715
Cochons de lait.	19	39	15	30	25	26

Hospice d'Elbeuf.

(Notice fournie par M. L. Patallier, ordonnateur.)

La fondation de l'hospice d'Elbeuf, dédié à saint Léonard, remonte à une époque assez reculée. On manque de titres pour en préciser la date; on voit seulement qu'il existait avant 1330.

Cette fondation paraît appartenir, d'une manière certaine, aux comtes d'Harcourt, seigneurs d'Elbeuf.

Dans l'origine, l'administration était un office et un bénéfice que le seigneur, voulant récompenser des services reçus, donnait à vie ou jusqu'à son bon plaisir à des gentilshommes ou ecclésiastiques, ou gens de robe. Là, ils étaient logés, nourris, chauffés eux et leurs gens; c'est, du moins, ce qui résulte d'un titre de 1432.

Cette sorte d'administration dura jusqu'à l'année 1580, époque où ces administrateurs bénéficiers ayant soit aliéné, soit dissipé la plus grande partie des revenus, elle fut confiée à des notables élus en présence des divers officiers du prince. Cette mesure entraîna la suppression du bénéfice, l'office resta seul; c'est l'état actuel.

En 1657, l'Hôtel-Dieu, dit de St.-Léonard, fut cédé aux dames Ursulines, qui donnèrent en échange une vieille maison par elles acquise dans la rue Meleuse.

En 1713, on ferma la porte dudit hôpital, et les revenus furent partagés entre les deux paroisses, sous la surveillance de trésoriers-économes.

Il est probable que cette mesure regrettable fut la conséquence de l'insuffisance des ressources pour subvenir aux besoins de la maison hospitalière : on dut se contenter alors de distribuer des secours à domicile aux indigents malades.

Ce nouveau mode d'exercer la charité dut promptement révéler ce qu'il avait d'incomplet, car il fut bientôt abandonné.

En 1722, le troisième hôpital fut fondé par Mme. Julie de Lanquétot, veuve du sieur Louis Delarue, mais pour la paroisse St.-Étienne seulement.

Cinq ans plus tard, en 1727, il y eut réunion des deux paroisses et des administrateurs, pris dans l'une et dans l'autre, furent nommés pour trois ans. L'hôpital, quoique peu considérable, suffisait aux besoins d'une localité dont la population était elle-même restreinte, et son service ne se ralentit point jusqu'à la funeste année 1793, où une loi, du 19 mars, ordonna la vente des biens des hospices. Les lois portent toujours le cachet de leur date : 1793 ne pouvait en enfanter que de mauvaises.

Dès-lors, la situation de l'hospice fut précaire, à tel point qu'un arrêté municipal, du 2 brumaire an V (1796), autorisa des quêtes à domicile pour subvenir aux besoins de l'hospice. C'était donc la charité privée à laquelle on s'adressait pour l'entretien de la maison des pauvres malades.

Mais là ne s'étaient point arrêtées les demandes des administrateurs municipaux : ils avaient exposé au premier Consul, visitant Elbeuf en novembre 1802, les misères de l'établissement hospitalier. Leur prière ne fut pas vaine : l'hospice, en exécution de la loi du 7 octobre 1799, fut envoyé en possession de nouveaux biens en remplacement de ceux dont l'avait dépouillé la loi du 19 mars 1793.

Long-temps l'édilité avait reculé devant la nécessité d'établir à Elbeuf un octroi, dont les recettes pussent contribuer aux divers services d'une bonne administration. L'acquisition d'une maison consacrée à l'éducation gratuite des jeunes filles, sous la direction des dames d'Ernemont, vint enfin triompher des dernières résistances du Corps municipal : l'octroi fut voté, autorisé et mis en régie.

Les ressources de la commune se trouvant ainsi assurées d'une manière positive, une première allocation de 2,400 fr. fut accordée à l'hospice, sur le budget de 1814, à titre de subvention.

Cette allocation s'est graduellement augmentée jusqu'à la somme de 30,000 fr. ; mais cette augmentation est une faible compensation à la dépense, imposée à l'établissement hospitalier, de pourvoir au service d'une annexe où sont traités les syphilitiques.

La progression croissante des subventions accordées à l'hospice était en raison directe du développement de la maison hospitalière.

Jusqu'en 1820, elle ne comprenait que le corps de bâtiment situé dans la première cour, divisé en deux parties égales par la chapelle et contenant une trentaine de lits. L'administration intérieure était confiée à des directrices laïques, logées dans une maison basse en face de l'hôpital, sorte de masure qui menaçait la vie de ses habitantes, reliée au bâtiment principal par une suite de communs presque à l'état de ruines. Une autre masure, dans une arrière-cour, abritait tant bien que mal le chapelain, et une sorte de hangar servait de buanderie.

Toutes ces vieilleries ont successivement disparu. Une pensée de bienfaisance inspira l'annexion d'un hospice à l'hôpital. Les manufacturiers consentirent une souscription volontaire dont le produit fut, en 1822, appliqué à l'érection d'un hospice des vieillards. C'était et c'est encore une retraite accordée aux anciens ouvriers de fabrique, qui, par leur bonne conduite, leur fidélité à leurs maîtres, méritaient, à l'âge de 70 ans révolus, après vingt ans de résidence, lorsqu'ils n'étaient pas originaires d'Elbeuf, leur admission dans cet asile. On disposait de trente-deux places, moitié pour hommes, moitié pour femmes.

Le bâtiment compris entre l'hospice et l'hôpital primitif fut commencé en 1840 et terminé en 1841, ce qui permit d'augmenter le nombre des salles. Mais, vers la fin de 1847, la maison hospitalière a pris un développement qui a doublé son importance.

A la même époque, la Commission administrative résolut de confier la direction à des sœurs de St.-Vincent-de-Paul; elles arrivèrent au mois de mars 1848, furent installées dans les combles de l'hospice en 1849, pendant que s'élevait le bâtiment neuf situé en face de celui de la chapelle ; bâtiment qui comprend les salles de consultation, le cabinet de la directrice, la salle d'administration, la pharmacie, les cuisines avec leurs dépendances, le réfectoire des sœurs, leur dortoir, la lingerie et trois salles de bains.

Une construction aussi importante n'aurait pu être entreprise si la générosité de Mme. veuve Petou ne fût venue puissamment en aide à l'administration hospitalière par un don de 30,000 fr., auquel vint s'ajouter après sa mort un complément d'environ 14,000 fr. Quelques années plus tard fut ouverte la rue nommée rue Petou, en reconnaissance de cette libéralité de Mme. Petou; libéralité faite en son nom, au nom et en mémoire de son mari, ancien maire d'Elbeuf, député de la Seine-Inférieure, et de leur fils unique, morts avant elle.

L'hôpital, situé auparavant au fond d'un impasse et dont l'existence était en quelque sorte ignorée, prit alors un aspect nouveau, digne d'un établissement public.

Une grille en fer, longeant la rue Petou, enferme une cour carrée contenant quatre parterres plantés d'arbustes et de fleurs; à droite se trouve le corps de bâtiment attribué à la direction et à ses dépendances; à gauche, le logement du chapelain, la chapelle et les premières salles des malades. Une galerie vitrée, à deux étages, servant de promenoir aux convalescents, relie entre eux les deux bâtiments et laisse plonger l'œil dans la seconde cour plantée d'une avenue de tilleuls et comprenant, à droite et à gauche, une partie de l'hôpital, l'hospice des vieillards; à droite, l'hôpital terminé au commencement de 1862.

Ce bâtiment neuf, dont la construction a marché lentement, est enfin terminé, et son inauguration a eu lieu dans les premiers jours de juillet. Il comprend, au rez-de-chaussée, deux vastes salles : l'une, destinée aux militaires, contenant dix lits; l'autre, aux malades civils, contenant vingt-deux lits. Au premier étage existent deux salles de même dimension et garnies d'un même nombre de lits, et une demi-douzaine de chambres pour pensionnaires.

Les diverses salles maintenant en service pour l'hôpital contiennent. . . . . 23 lits pour hommes.
24 d°. pour femmes.
Ensemble. . . . 47   47 lits.

L'hospice des vieillards et incurables comprend : lits pour hommes. 20
lits pour femmes. 26
A reporter. . . 93

Report.	93 lits.
Deux salles, consacrées aux militaires, contiennent.	12
Le dortoir des sœurs hospitalières contient.	10
	115 lits

compris deux dans la chambre qui leur sert d'infirmerie.

I existe dans la chambre des domestiques.	8
Les salles qui vont être inaugurées comprendront.	69
	192 lits.
L'annexe pour les maladies syphilitiques renferme.	18
Total.	210 lits.

L'établissement, en y comprenant les sœurs, les servantes et infirmiers, les vieillards, les incurables et les malades, peut donc recevoir deux cent dix personnes.

Les revenus de l'hospice sont loin d'être en proportion avec une population de cette importance. Ils sont restés stationnaires depuis 1845, époque à laquelle ils s'élevaient à 7,194 fr. 26 c., provenant de biens de ville, biens ruraux, rentes sur particuliers et sur l'État; somme à laquelle s'ajoutaient l'allocation de la commune, 28,000 fr., et quelques rentes imprévues.

Le budget primitif de 1862 présente, pour les recettes ordinaires et extraordinaires, le chiffre de 48,654 fr. 06 c., qui se compose de :

Loyers des maisons et terrains.	315 fr. » c.
Fermage en argent des biens ruraux.	1,988 » »
A reporter.	2,303 » »

Report.	2,303	» »
Rentes sur l'État.	7,323	» »
Rentes sur particuliers	678	06
Fonds alloués sur l'octroi	30,000	» »
Et diverses autres recettes imprévues.	8,350	» »
	48,654 fr.	06 c.
Les dépenses prévues s'élèvent à	48,497	53
Ce qui donne un excédant de.	158 fr.	53 c.

En 1845, les revenus de l'hospice et l'allocation de la commune réunis formaient un chiffre de . 35,194 fr.
En 1862, ils s'élèvent, à 39,626 fr.
C'est donc, pendant une période de dix-sept années, une faible augmentation de . . 4,432

             39,626 fr.

Le service médical de la maison est confié aux soins d'un médecin en chef, M. le docteur Benjamin Fillolet, et d'un médecin-adjoint, M. le docteur Alfred Vy; d'un chirurgien en chef, M. Nicolle, et d'un chirurgien-adjoint, M. Philippe Aubé.

L'administration intérieure est dévolue à la directrice, sœur Durif, de la communauté de St.-Vincent-de-Paul, aidée de sept sœurs, dont une pharmacienne, trois préposées aux salles, deux à la lingerie, une à la cuisine, ayant sous leurs ordres un infirmier, une infirmière, trois lavandières et deux lingères.

De l'eau chaude, venant de la pompe à feu de M. Lenoble, alimente un vaste bassin, situé dans une arrière-cour, voisin d'une grande buanderie construite, en 1853, en briques et fer, et dont le service est rendu extrêmement facile par un réservoir d'eau froide distribuant l'eau dans les cuves et une pompe versant la lessive chaude sur le linge à blanchir.

A la suite de la seconde cour, un verger, planté d'arbres fruitiers, fournit une partie du fourrage pour la vache de l'établissement.

Les vieillards, pensionnaires à titre gratuit, ne sont astreints à aucun travail régulier, mais la plupart d'entre eux, les plus valides, s'occupent de la culture d'un vaste et beau jardin dont la commune accorde la jouissance à l'hospice, en attendant qu'elle lui en confère la propriété. Ce jardin, d'un produit fort avantageux pour la maison, est contigu aux vieux bâtiments dans lesquels est établi le service des maladies vénériennes, sous l'inspection particulière d'un infirmier et de sa femme.

L'administration générale de l'établissement appartient à une commission de cinq membres, renouvelés par cinquième sur la présentation, par le Maire, de trois candidats à M. le Préfet.

Depuis une vingtaine d'années, la mort seule en a modifié la composition, M. le Maire, son président, s'étant toujours inspiré de la pensée de ses collègues pour l'exercice de son droit de présentation.

Aussi est-il facile de reconnaître qu'une seule et même pensée animait cette commission dans le but qu'elle poursuivait, et que, sans défaillance aucune, elle est parvenue à l'accomplissement de l'œuvre qu'elle avait méditée et dont elle avait posé les bases dans ses délibérations.

Il reste bien encore à introduire quelques modifications d'aménagements intérieurs dans les anciennes salles, à construire des salles de bains en nombre suffisant pour le service entier ; mais dès aujourd'hui on peut considérer comme complet l'hôpital d'Elbeuf, tel qu'il existe.

Que si, à une époque ultérieure, Elbeuf continue de s'agrandir, la population de s'accroître, l'administration aura à se préoccuper de la construction d'un second hôpital dans la partie orientale de la ville.

Bureau de bienfaisance.

Cet établissement charitable a dû nécessairement suivre le mouvement progressif de la population ; on peut dire néanmoins que l'ordre avec lequel il est administré multiplie en quelque sorte ses ressources, et qu'il y a peut-être lieu de s'étonner que celles dont il a la libre disposition lui permettent de faire autant de bien qu'il en fait réellement.

Son action est de deux natures différentes dans ses effets.

Il assure, d'une part, dans une maison dite de bienfaisance, dont le local lui a été généreusement donné par M. Alexandre Grandin de L'Eprevier fils, un certain nombre de personnes indigentes auxquelles leur âge interdit d'être admises à l'hospice des vieillards, mais qui n'en étant pas moins les invalides de la fabrique sont, à quelques exceptions près, dans l'impossibilité absolue de se livrer à aucun travail.

Il conserve, d'autre part, ses attributions spéciales pour tout ce qui a trait à l'assistance publique à domicile.

Chacun de ces services reçoit d'une commission administrative, présidée par M. le Maire et composée d'autant d'hommes d'élite qu'elle compte de membres, l'impulsion active et féconde qui doit leur faire rendre tous les résultats qu'on est en droit d'en attendre, dans les détails aussi bien que dans l'ensemble.

La maison de bienfaisance existait, depuis 1836, dans

une propriété que le Bureau tenait à loyer; elle est beaucoup mieux appropriée à sa destination dans celle où son bienfaiteur a voulu qu'elle fût définitivement installée chez elle-même en 1851.

Elle possède quarante-huit lits : vingt-un pour hommes, vingt-sept pour femmes.

Un préposé et sa compagne, vieux et dévoués serviteurs du Bureau, président à tous les soins que réclament les personnes des deux sexes admises à passer, sous leur surveillance de chaque jour en ce lieu de repos et de bien-être, quelques-unes leurs dernières années, les autres le temps voulu pour que l'hospice leur soit ouvert.

A Elbeuf, où le travail est une seconde nature, les pensionnaires de la maison de bienfaisance dont les forces ne sont pas entièrement épuisées trouvent encore à s'occuper, et c'est tout à la fois un produit qui vient en aide, si léger qu'il soit, à l'établissement, et un sujet de distraction pour ceux à qui le désœuvrement pourrait devenir insupportable.

La part afférente à l'entretien de la maison de bienfaisance, dans l'économie budgétaire de l'établissement, est de 13,553 fr. 04 c. ; c'est-à-dire qu'au moyen de cette dépense répartie entre quarante-huit pensionnaires pendant 365 jours, ou bien en multipliant ces deux chiffres l'un par l'autre entre 17,520 journées, le prix de la journée par indigent est de 77 c. 35, et que si l'on déduit le traitement des préposés, les réparations et autres frais divers et imprévus, de 2,023 fr. 37 c., le prix restreint uniquement à la journée d'alimentation ne sera plus que de 65 c. 80.

Le service des secours à domicile a été très-heureusement modifié par l'intervention, en 1853, des sœurs de St.-Vincent-de-Paul dans leur distribution. Ces excellentes et dignes filles de la charité, que depuis long-temps le Bureau avait été d'avis d'associer à sa mission philanthropique, sont enfin venues lui apporter le concours de leur zèle infatigable.

Personne n'ignore que leur désir de soulager les misères humaines égale le discernement dont elles font preuve pour éloigner l'indigence parasite, et rechercher par-dessus tout les pauvres honteux et ceux encore dont les souffrances se recommandent aux meilleurs titres, afin de n'encourager ni la paresse, ni les passions désordonnées.

Elles s'attachent aussi à moraliser l'indigence en la consolant et en la secourant.

Leur utile coopération s'est révélée sous d'autres rapports : elles ont, dans la maison de bienfaisance où un local a été réservé pour leur logement, inspiré la pensée d'ériger une chapelle dont les pensionnaires de la maison profitent spirituellement.

Elles ont obtenu une autre portion de l'établissement qu'elles ont transformée en pharmacie et en lieu de préparation de bouillons, destinés à fortifier les indigents les plus souffrants.

Deux médecins de la ville secondent leurs efforts et leur prêtent assistance : ce sont MM. Alfred Vy et Philippe Aubé, le premier depuis quatorze ans et le second depuis une époque plus récente. Le service médical du Bureau de bienfaisance, en général, leur est confié.

Des consultations gratuites sont données tous les deux jours, alternativement, par chacun d'eux.

Ils se transportent, en cas d'urgence, au domicile des malades qui peuvent avoir besoin de leurs soins.

Assurément tout atteste dans la participation continue des sœurs de St.-Vincent-de-Paul à l'organisation et aux développements du service nouveau, une modération dans les dépenses et la réalisation d'une plus grande somme de bien.

Leur présence, presque de chaque instant au milieu de la population ouvrière la plus malheureuse, exerce une influence des plus salutaires sur elle et contribue particulièrement à l'apaisement des esprits.

L'importance des secours distribués par leurs soins présente un chiffre de dépenses de 36,756 fr. 96 c., indépendamment des bienfaits moraux dont la ville leur est redevable.

Le nombre des indigents des deux sexes soignés à domicile est de 2,108.

  9 orphelins.
  7 aveugles.
  16 paralytiques.
  4 cancérés.
  152 vieillards.
  80 infirmes.
  460 chefs de famille chargés d'enfants.
 1,380 enfants de ces familles.
 ―――――
 2,108

La dépense des malades indigents traités aux hospices de Rouen, à défaut de l'hospice civil d'Elbeuf, pour certaines maladies exceptionnelles, trouve place pour 313 fr. 85 c. dans le chiffre de 36,756 fr. 96 c.

Cette dernière somme, divisée toutefois par le nombre

de 2,108 précité, présente pour quotient celle de 17 fr. 43 c. par indigent.

La moyenne budgétaire des ressources charitables a été, dans la dernière période décennale, de 50,349 fr.

La dotation de l'établissement y figure pour. . . . 6,849 fr.
Et la subvention annuelle de la ville pour. 30,000   } 50,349 fr.
Le surplus de. 13,500

comprend le produit des droits sur les bals, concerts et spectacles; celui des troncs des églises, celui du travail de la maison de bienfaisance, des dons et collectes, une part dans le prix des terrains concédés dans les cimetières, une autre part d'un legs fait à la ville par M. Charvet, etc., etc.....

La moyenne des charges s'est élevée à 50,310 fr.

Parmi ces dépenses, le traitement des sœurs de St.-Vincent-de-Paul est limité à. . . . . . 2,400 fr.
Le pain coûte. 24,880
La viande. 2,380
Le bois. 5,550
L'achat des paillasses, couvertures et autres, pour. 3,800
La pharmacie pour. 850
Et le surplus est employé à l'achat des objets divers de consommation de ménage, etc., et à la délivrance des secours en argent à des pauvres honteux, pour. 10,450
　　　　　　　　　　　　　　　　　　　―――――
　　　　　　　　　　　　　　　　　　　50,310 fr.

Sans doute, lorsqu'il survient soit des crises alimentaires, soit des crises industrielles, les ressources du

Bureau sont insuffisantes en même temps que s'aggravent ses charges ; alors aussi les efforts de la charité publique et privée n'ont pas besoin d'être surexcités ; ils sont spontanément ingénieux à se produire sous toutes les formes, et il n'est pas de ville avec laquelle celle d'Elbeuf puisse craindre une comparaison qui lui soit défavorable, quand il s'agit d'acquitter la dette anormale de bienfaisance et d'humanité que lui créent des circonstances tout-à-fait imprévues.

En temps ordinaire, l'aperçu qui précède est l'expression vraie de la constitution de l'une des principales branches du service municipal de l'assistance publique. Il suffit de bien s'en pénétrer pour être convaincu qu'elle est fortement organisée et qu'elle répond, quant à présent du moins, à toutes les nécessités locales.

Société de charité maternelle.

En 1842, cette Société n'avait encore que sept années d'existence ; elle s'appuie, en 1862, sur un passé de plus d'un quart de siècle. Institution de bienfaisance dans le but déterminé par son titre, elle procure des secours aux mères de famille indigentes et à leurs enfants à l'époque où ces secours leur sont le plus indispensables, c'est-à-dire au moment de l'accouchement et pendant les premiers mois de l'allaitement.

Elle précède donc dans ses effets la Crèche ; aussi son origine a-t-elle eu à Elbeuf, par sa date, la priorité sur celle-ci.

La Société de charité maternelle a été établie par des femmes, parce que ce sont elles que la Providence a plus particulièrement appelées au secours de l'enfance et des mères indigentes, et que leur sensibilité doit leur faire plus facilement surmonter les dégoûts attachés aux détails de la misère.

Ses statuts avaient limité à douze le nombre des dames dont devait se composer son comité; mais son action ayant dû nécessairement grandir à mesure que la population augmentait, elle compte présentement vingt-une dames patronesses.

Quatre d'entr'elles exercent les fonctions de présidente, d'économe, de trésorière et de secrétaire. Toutes ces fonctions sont dévolues par la voie de l'élection.

La Société ne possède aucune dotation; mais des allocations de l'État, des subventions départementales et communales, les souscriptions personnelles des dames patronesses et de toutes les personnes charitables qui veulent bien répondre à leurs appels annuels, l'ont pourvue jusqu'à présent de ressources suffisantes.

Ses frais d'administration sont insignifiants; le Comité en assume sur lui-même la plus grande partie.

Un règlement sagement défini n'admet à l'assistance de la Société que les femmes qui peuvent fournir une copie de leur extrait de mariage, un certificat constatant qu'elles ont reçu la bénédiction nuptiale, selon la religion professée par elles ou leurs maris, et une attestation d'indigence et de bonnes vie et mœurs du Bureau de bienfaisance.

Tous les enfants légitimes qui naissent au sein de l'indigence sont appelés à l'adoption de la Société maternelle; c'est pour les préserver de la mort, de l'abandon et de toutes les suites funestes de la misère qu'elle est instituée; mais elle a dû forcément circonscrire le cercle dans lequel elle a encore assez de bonnes œuvres à faire, ses dons ne pouvant s'étendre indéfiniment à tous ceux qui auraient des titres à la commisération publique.

Les secours qu'elle distribue, aux termes de son réglement, dont l'analyse ne peut pas trouver place ici dans tous ses développements, sont en nature.

Elle est plus certaine, de cette manière, qu'ils ne seront pas détournés de leur véritable destination, comme il pourrait arriver qu'ils le fussent s'ils étaient délivrés en argent.

Cent mères de famille participent en moyenne, chaque année, à ses bienfaits, tant pour elles-mêmes que pour leurs enfants, et tout annonce que l'institution, dont les preuves sont faites, continuera à mériter de plus en plus les sympathies qui l'entourent de toutes parts.

Crèche.

La Crèche est une fondation postérieure à 1848; elle n'est point encore subventionnée par la ville, mais elle finira par l'être.

Une donation de M. Henri Sevaistre, ancien maire, ancien député, et des souscriptions particulières ont jusqu'à présent constitué ses seules ressources.

L'emplacement où elle est établie, dans des appartements bien aérés et aussi spacieux qu'on peut le désirer, forme le point d'intersection de deux établissements affectés par la ville à la tenue : le premier, d'une école primaire laïque; le second, de l'une des salles d'asile communales.

C'est ainsi qu'on a été naturellement conduit, dans une pensée d'économie, à confier la direction de la Crèche à une supérieure de l'ordre de St.-Vincent-de-Paul, qui dirige l'asile contigu. On lui a adjoint, à titre spécial, deux sœurs de la même communauté.

Deux berceuses et une laveuse complètent le service, dont l'organisation est parfaite à tous égards.

L'institution d'une Crèche ne pouvait pas manquer, au surplus, d'être favorablement accueillie dans une cité où les jeunes mères de famille de la classe ouvrière ont tant besoin de concilier leurs obligations de travail et leurs devoirs maternels, sans sacrifier ceux-ci.

Les encouragements étaient venus de toutes parts populariser le bienfait qui se rattachait au nouvel établissement ; un nombreux comité de dames patronesses en avait fait, dès l'origine, l'objet d'une influente propagande, et l'expérience n'avait pas tardé à en justifier l'heureuse création.

On y constate en moyenne, chaque jour, la présence de trente-cinq enfants tenus, d'ailleurs, avec une remarquable propreté.

Le médecin en chef de l'hospice, M. Fillolet, que l'on retrouve partout où il y a du bien à faire, est également le médecin de la Crèche. — Il a pour adjoint M. Alfred Vy.

Un réglement bien conçu, et littéralement exécuté, paraît avoir prévu tout ce qui doit garantir la durée de l'œuvre et la propager.

Les enfants sont apportés à la Crèche vers six heures du matin, et leurs mères, admises à les voir et à leur prêter le sein pendant le jour, les reprennent le soir entre huit et neuf heures.

Moyennant une très-légère rétribution, que compense largement le prix du temps conservé au travail, tous ces enfants sont nourris et blanchis, et rien n'est négligé pour protéger leur précieuse existence.

Asiles communaux.

Ils sont au nombre de deux: le premier, sous la dénomination de l'asile St.-Jean; le second, sous celle de l'asile St.-Étienne.

L'asile St.-Jean, qui n'est plus, comme en 1842, dans une maison louée par la ville, a été construit en 1848, en même temps que l'école primaire laïque, avec une subvention de l'État égale au tiers de la dépense, dans un vaste terrain où l'asile et l'école sont séparés l'un de l'autre par la Crèche, de construction plus récente.

Un ancien ministre de l'Instruction publique, M. de Salvandy, a particulièrement attaché son nom à cette double création, en aplanissant toutes les difficultés qui en avaient entravé l'instruction.

L'exécution du projet, conçu préalablement à la tourmente révolutionnaire, a été forcément retardée jusqu'au moment où elle a cessé.

L'asile satisfait, de même que l'école, à toutes les exigences de la destination respective de chacune de ces institutions.

Un comité de quarante dames patronesses, présidé par le maire, a dans ses attributions la haute surveillance des deux asiles.

Une sœur de St.-Vincent-de-Paul, qui est également à la tête de la direction de la Crèche, dirige avec deux sœurs assistantes l'asile St.-Jean.

Cet asile est fréquenté, en moyenne, par 90 garçons et 70 filles.

L'âge de l'admission est fixé à deux ans et celui de la sortie à six.

Les asiles sont, comme on l'a dit et comme il est juste

de le répéter, le vestibule de l'enfance et la meilleure des préparations pour entrer dans les écoles primaires.

Ceux d'Elbeuf ne le cèdent à aucun établissement similaire, relativement aux soins qu'y reçoivent les enfants et aux précautions que l'on prend pour leur santé et pour leur propreté.

L'asile St.-Étienne est encore dans des salles tenues à loyer, mais la ville a fait l'acquisition d'un terrain où elle se propose de l'établir dans des conditions analogues à celles de l'asile St.-Jean.

Il a pour directrice une sœur de la Communauté d'Ernemont, avec une assistante du même ordre.

Une femme de service leur est adjointe.

Le nombre des enfants admis dans le second asile est de 81 garçons et de 67 filles.

Les deux asiles réunis ont donc un effectif de 308 enfants, soit 173 garçons et 135 filles.

Instruction primaire élémentaire.

Tous les services ayant trait à l'instruction primaire élémentaire ont singulièrement grandi pendant les vingt dernières années.

Il est vrai que la loi de 1850 sur l'enseignement a provoqué à Elbeuf le déclassement de l'école primaire supérieure, qui, sous la conduite de M. Lepage, avait bien mérité du pays et formé des sujets très-capables que l'on voit aujourd'hui se distinguer dans les diverses carrières pour lesquelles ils avaient été parfaitement préparés. Mais, quelque regret que l'on doive éprouver d'une pareille suppression, il est consolant de reconnaître que l'enseignement, réduit à de plus simples proportions, n'en a pas moins marché à la satisfaction générale.

L'instruction primaire élémentaire est placée sous la surveillance de sept délégués cantonaux, présidés par M. Armand de Boissieu.

Les écoles sont au nombre de six, divisées par moitié égale pour les garçons et pour les filles.

École laïque.

M. Fririon, assisté d'un adjoint, dirige l'école laïque. On compte dans son établissement, voisin de l'asile St.-Jean et dont la construction date, comme on l'a déjà dit, d'une époque commune, 130 élèves gratuits.

Ils y sont reçus à l'âge de six ans et en sortent à peu près généralement à treize.

Quelques-uns sont, à leur sortie, aptes à devenir contre-maîtres, commis ou employés de commerce.

D'autres ont pu, de temps en temps, subir avec succès des examens pour entrer comme demi-boursiers dans des écoles spéciales.

La plupart sont obligés cependant de prendre part aux travaux industriels, dans lesquels les connaissances qu'ils ont acquises ont encore plus d'une occasion d'être utilisées.

Cette école ne s'est pas seulement soutenue, elle est largement entrée dans les voies progressives.

Écoles chrétiennes.

La première école dirigée par les Frères de la Doctrine chrétienne a été ouverte sur la paroisse St.-Jean, le 18 janvier 1844, dans un magnifique local qui peut servir de modèle d'établissement scolaire. L'honneur de cette création, d'une incontestable utilité, revient à MM. Pierre Turgis, Alexandre Poussin, Constant Grandin,

Édouard Delarue, et au Corps municipal tout entier de l'époque.

En 1854, le prédécesseur du curé actuel de St.-Étienne, M. l'abbé Lefebvre, promu depuis à la cure de St.-Sever de Rouen, réussit, en faisant appel au concours de personnes généreuses, à établir une seconde école chrétienne sur sa propre paroisse.

Enfin, une troisième école a pu se former plus tard à Caudebec-lès-Elbeuf.

Ces trois écoles ont un personnel enseignant de douze Frères, y compris leur directeur.

L'éducation ou la partie morale de l'instruction concentre, concurremment avec celle-ci proprement dite, tous leurs efforts pédagogiques.

On craignait, en 1848, que les esprits égarés par les tendances révolutionnaires ne se montrassent hostiles à l'École chrétienne; mais elle avait déjà pris racine au milieu de la population ouvrière par tant d'attaches de toute nature, qu'elle était en état de résister à ses destructeurs, quels qu'ils fussent, et les événements ne l'ont aucunement arrêtée dans sa marche toujours ascendante.

Les enfants y sont admis à l'âge fixé pour l'admission à l'école laïque; il n'est pas possible de les y garder plus long-temps que dans cette dernière école.

Les uns, lorsqu'ils en sortent, entrent aux séminaires ou parviennent à obtenir un diplôme d'instituteur.

Les Écoles chrétiennes sont encore une pépinière de contre-maîtres de fabrique, de commis ou d'employés de commerce.

Un certain nombre, en garde contre les déceptions, deviennent modestement de laborieux auxiliaires pour l'industrie locale, dans les rangs de la grande famille ouvrière, où leur éducation et leur instruction ne peuvent jamais être en pure perte.

L'école St.-Jean offre un effectif de 334 élèves gratuits.
Celle de St.-Étienne en a 195   »
                En totalité. . . . 529   »

On en compte, à Caudebec-lès-Elbeuf, 198.

Conférences pour les adultes à l'École chrétienne.

Après la révolution de 1848, l'ancien curé de St.-Jean, M. l'abbé Poulain, avait, au siége principal des Écoles chrétiennes, rue de la Justice, organisé, pendant les soirées des jours fériés, des conférences d'adultes, à chacune desquelles on a vu couramment participer plus de mille assistants, tant qu'elles ont duré.

L'excellent prêtre avait ainsi voulu prolonger l'instruction morale et religieuse au-delà de son terme.

Il avait eu soin de tempérer le but sérieux de ses conférences par des intermèdes récréatifs, aussi variés que possible ; de telle sorte qu'on pouvait dire de lui qu'il instruisait son auditoire en l'amusant.

Il distribuait encore aux plus assidus et aux plus méritants des récompenses en fin d'année, pour stimuler l'émulation. Il avait réussi, dans tous les cas, à éloigner une certaine partie de son troupeau des cabarets et autres lieux de dissipation. Les conférences ont cessé lors de son départ ; elles avaient compromis sa santé, elles étaient peut-être au-dessus de la force humaine. M. l'abbé Poulain aurait pu lui-même être forcé de les discontinuer ; et le saint ministère impose tant de devoirs à son successeur, qu'afin de n'en négliger aucun il a cru ne pas devoir donner suite à une œuvre dont les meilleurs souvenirs recommanderaient la reprise, si elle redevenait praticable.

Écoles des filles.

La Communauté d'Ernemont a le monopole exclusif, à Elbeuf, de l'instruction morale et religieuse des jeunes filles. Elle y est représentée par deux sœurs directrices et par vingt-neuf sœurs assistantes.

Elle enseigne, avec un zèle persévérant, les connaissances qui leur sont utiles dans toutes les positions sociales.

Indépendamment de deux pensionnats où des sœurs éminemment capables leur donnent les meilleures notions des sciences morales, et où les arts d'agrément (la musique, le dessin et les travaux à l'aiguille) sont professés, l'instruction élémentaire essentiellement gratuite, sauf quelques exceptions, se trouve développée sur la plus grande échelle dans trois écoles distinctes l'une de l'autre, sur les paroisses de St.-Jean et St.-Étienne et sur la paroisse future de Notre-Dame-de-l'Immaculée-Conception (cette dernière école date uniquement de 1861). La ville subventionne la Communauté, à raison de 10 fr. par an pour chaque élève non payante; elle a mis à sa disposition les classes de St.-Étienne, et la Communauté a édifié à ses frais singuliers celles de St.-Jean et de la Conception.

L'édifice scolaire de St.-Jean est surtout remarquable par son appropriation au-dessus de tout éloge.

Le pensionnat de St.-Jean est alimenté par :

      38 pensionnaires.   ⎫
      32 demi-pensionnaires. ⎬ 108.
      38 externes.   ⎭

Celui de St.-Étienne n'a pas moins de :
  44 pensionnaires.
  22 demi-pensionnaires. } 78.
  12 externes.

En dehors des pensionnats, les élèves des trois écoles se répartissent de la manière suivante :

A St.-Jean,
  270 élèves gratuites.
  168 élèves payantes.

A St.-Étienne,
  182 élèves gratuites.
  143 élèves payantes.

A la Conception,
  66 élèves gratuites.
  56 payant une rétribution scolaire.

En résumé,
  518 élèves gratuites.
  367 élèves soumises à la rétribution, non compris les 186 élèves des deux pensionnats.

Pour ne parler que de la gratuité, le résultat dans les six écoles est, à ce titre, très-significatif comme preuve de la libéralité municipale en matière d'enseignement : l'instruction est dispensée à 659 garçons et à 518 filles.

Ce simple exposé démontre mieux qu'aucun commentaire combien la ville d'Elbeuf a l'intelligence de l'un de ses devoirs les plus sérieux.

Orphéon.

Le vote du Conseil municipal, relatif à l'établissement orphéonique, n'a reçu son exécution qu'au mois d'octobre 1859.

L'enseignement de la musique, sous quelque forme

qu'il se produise, a pour conséquence d'adoucir les mœurs et de calmer les passions.

Dans une grande agglomération ouvrière, c'est un puissant dérivatif aux mauvaises tendances.

L'administration a fait choix d'un excellent professeur en la personne de M. Gueroult, pour faire naître et développer le goût de la musique.

Elle a placé son cours sous le patronage d'un comité de huit membres, dont l'appui moral lui est venu largement en aide.

Au début du cours, trente élèves seulement suivaient les leçons du professeur ; ils sont actuellement plus que doublés.

Ils se sont fait entendre à deux concerts de bienfaisance et à une première distribution des prix de la Société industrielle, et chacune de ces épreuves successives leur a réussi ; leurs chants, conduits avec autant de méthode que d'ensemble, ont charmé l'oreille de leur auditoire.

A l'église St.-Jean, près de laquelle est situé le lieu où ils se réunissent, ils prêtent de temps à autre le concours de leurs voix aux cérémonies religieuses, et chacun s'accorde à dire qu'ils en rehaussent la solennité.

Cette école de musique est grosse d'avenir ; elle devient, d'année en année, de plus en plus sympathique.

Les espérances qu'elle promet ne seront mêlées, pour la ville, d'aucun regret, quant au léger sacrifice qu'elle s'impose, puisqu'elle n'affecte à son entretien qu'un crédit de 900 fr., dont la neuvième partie est consacrée à donner des prix d'encouragement aux meilleurs élèves.

Orphelinat de la Providence.

La fondatrice de cet orphelinat, Mlle. Bertaud, directrice de l'hospice civil d'Elbeuf, dont le souvenir est impérissable en cette ville où elle a fait tant de bien, et à laquelle l'Académie française a décerné, vers la fin de sa carrière, le prix de vertu fondé par M. de Montyon, avait dès le début, en 1822, donné à son œuvre des proportions qu'il a été nécessaire de réduire.

Elle avait plutôt consulté son cœur que les ressources sur lesquelles elle pouvait compter, et les personnes, animées d'un esprit de charité non moins louable que le sien, qui ont recueilli le legs qu'elle leur a fait ont surtout assuré la durée de l'utile création qu'on lui doit, en la ramenant et en s'efforçant de la contenir dans ses limites actuelles.

Le but proposé est de recevoir et d'élever les orphelines de mère ; l'âge d'admission est à sept ans, sauf des circonstances tout-à-fait exceptionnelles.

On apprend à ces jeunes filles à travailler en lingerie, broderie et repassage ; on leur donne l'instruction religieuse ; on leur enseigne enfin, avec quelques notions de calcul, la lecture et l'écriture, selon leur aptitude et leur intelligence relatives.

Le nombre des admissions ne dépasse pas soixante-dix.

L'établissement est entretenu par le travail et par les aumônes et vit à peu près au jour le jour. La Providence, qui veille sur lui, ne lui a point encore fait défaut.

Toutes les personnes dont le concours est utile dans les divers services de la maison, en qualité d'employées, y sont attirées par le sentiment unique d'un entier dévouement à l'œuvre en elle-même. Quelques orphelines, devenues adultes, n'hésitent pas à y rester après leur majorité, pour acquitter en nature, c'est-à-dire en travail devant servir à d'autres, leur dette de reconnaissance envers l'Institution. Celles qui, ayant atteint l'âge de vingt-un ans, sont rendues à la société entrent en condition, ou sont placées de manière à pouvoir exercer l'état qu'elles ont appris.

La pensée qui les a protégées et conduites jusque-là les suit encore dans le monde ; elle ne les perd jamais de vue.

Dans cette maison, où l'on ne s'inspire que de l'amour de Dieu et du prochain, où l'impulsion et la direction sont entièrement privatives et en dehors de l'action publique, où, loin de tirer vanité du bien que l'on fait, on voudrait même qu'il fût ignoré, tout se meut, se coordonne et s'enchaîne avec des rouages simples et sans aucune complication ; les choses ayant ainsi duré pendant quarante années, depuis le premier jour jusqu'au dernier, on est heureux d'en pouvoir conclure qu'elles résisteront à l'altération du temps.

Caisse d'épargnes et de prévoyance.

Après les événements de 1848, la Caisse, qui comptait douze années environ d'existence depuis sa fondation, a cessé de fonctionner jusqu'en 1854, époque à laquelle ses opérations ont plutôt commencé que recommencé.

Cette interruption de six années, jointe à la réduction du taux de l'intérêt, à l'abaissement du chiffre maximum des dépôts et à d'autres circonstances, ne lui a pas encore permis de récupérer sa situation primitive.

Cependant on peut dire que la nouvelle marche de la Caisse a été rapide au-delà de toute espérance, puisqu'au 1er. janvier 1862 elle comptait 1,124 livrets, donnant un solde de 466,985 fr. 55 c., savoir :

693 de 500 fr. et au-dessous.	112,488 fr. 91 c.
762 de 501 fr. à 800 fr.	101,011 11
232 de 801 fr. à 1,000.	213,884 32
35 de 1,000 fr. et au-dessus.	35,663 45
2 de 1,000 fr. d°. exemptés par la loi.	3,937 76
1,724 livrets.	466,985 fr. 55 c.

Le fonds de dotation était de.	5,341 fr. 05 c.
Le fonds de réserve	6,921 14
	12,262 fr. 19 c.

Les intérêts capitalisés sur les comptes soldés en 1861 s'étaient élevés à. . . . . 717 fr. 68 c.
et ceux aussi capitalisés sur les comptes existants, à. 15,885   17
                                                                        16,602 fr. 85 c.

Les livrets ouverts pendant l'année 1861 peuvent être ainsi classés :

104 d'ouvriers	25,284 fr. 71 c.
20 de domestiques.	3,565 » »
5 d'employés.	1,576 47
2 de militaires et marins.	500 » »
25 de professions diverses.	6,223 95
19 de mineurs.	2,915 » »
175 livrets.	40,065 fr. 13 c.

Enfin, le mouvement des livrets a pour expression :

Le reste au 1er. janvier 1861 de . 1,059
L'ouverture pendant l'année 1861
de. 175   } 1,245 liv.
Le transfert par les autres caisses
de. 11

Dont il faut déduire les livrets soldés, au nombre de 121

   Reste, au 1er. janvier 1862. . . . 1,124 liv.

Société de secours mutuels des ouvriers de la fabrique d'Elbeuf.

La fondation de cette Société remonte à l'année 1856, époque à laquelle ses statuts ont été dûment approuvés.

Elle compte aujourd'hui cent soixante membres participants, dont la cotisation mensuelle n'excède pas 1 fr.

Le nombre de membres honoraires qui contribuent à ses moyens d'action, à raison de 12 fr. par an, varie de cent dix à cent vingt.

Elle a contracté avec tous les médecins de la ville, de Caudebec-lès-Elbeuf et de St.-Aubin-Jouxte-Boulleng, un traité dont la disposition principale leur attribue collectivement une rémunération annuelle de 2 fr. par chaque sociétaire, malade ou non, pour les soins qui peuvent leur être réclamés.

Au commencement de l'année, les sociétaires, en acquittant le premier douzième de leur cotisation, désignent le médecin de leur choix, et celui-ci reçoit la rémunération déterminée autant de fois qu'il y a eu de désignations portant son nom.

La faculté de changer de médecin dans le cours de l'année est accordée aux sociétaires, à charge par celui qui en use de payer une indemnité de 2 francs.

Les pharmaciens de la ville, à quelques exceptions près, fournissent les médicaments nécessaires, moyennant un abonnement annuel de 2 fr., tout-à-fait semblable dans sa base à celui qui a été consenti par le corps médical.

Pendant l'exercice 1861, ces deux abonnements ont exigé: le premier, une dépense de 306 fr. 50; le second, celle de 293 fr.

Indépendamment de cet emploi partiel du fonds social, il est fait un prélèvement sur ce fonds d'un secours quotidien d'un franc en faveur de tout sociétaire malade, et la moyenne annuelle des secours distribués n'a pas dépassé, avant 1861, 5 à 600 fr. Le deuxième semestre de cette dernière année a atteint, à lui seul, plus de 500 fr. Les frais d'administration, y compris le traitement du caissier, roulent entre 270 et 280 fr.

L'encaisse de la Société est présentement de 16,867 fr. 70 c., se divisant ainsi :

13,122 » fonds de retraite.
3,745 70 fonds en toute disponibilité.
―――――――
16,867 70

Depuis que le fonds de retraite a acquis l'importance qu'il présente, il a été décidé qu'il serait perçu, à l'admission de tout nouveau sociétaire, un droit d'entrée selon la progression de son âge : qu'à dix-sept ans, ce droit serait à son point de départ de 50 c. ; à dix-huit ans, de 1 fr. ; à dix-neuf ans, de 1 fr. 50 pour continuer dans la même proportion ascendante jusqu'à 45 ans, âge auquel les membres entrants sont exclus de toute participation au bénéfice de la retraite et jouissent uniquement, en cas de maladie, de l'indemnité quotidienne d'un franc.

La retraite est due, en définitive et sauf l'exception dont il vient d'être parlé, à tout sociétaire âgé de 65 ans, s'il prouve qu'il est incapable de travailler.

Les ressources dont dispose la Société donnent, dès à présent, l'espérance qu'elle sera en mesure de pourvoir utilement aux nécessités du service des retraites au moment où elle devra le faire, aux termes de sa constitution, c'est-à-dire dans quatorze ans à partir de la présente année.

On peut affirmer, en résumé, que l'institution fonctionne

aussi régulièrement que possible, et que s'il est regrettable qu'elle n'ait pas obtenu un plus grand nombre d'adhérents, ce qui ne peut être que l'œuvre du temps, elle n'en concourt pas moins déjà d'une manière satisfaisante au but pour lequel elle a été fondée.

Société des anciens militaires.

(*Notice fournie par* M. Godquin, *son président.*)

1re. PÉRIODE. — Présidence de M. Eloy.

Vers la fin de l'année 1809, quelques militaires rentrés dans leurs foyers, après avoir pris une part aussi active qu'honorable aux glorieuses campagnes de la République et servi dans les armées du premier Empire, conçurent la touchante pensée de se venir réciproquement en aide les uns aux autres, en cas de misère ou de maladie.

Ils venaient de verser leur sang pour la patrie et se recommandaient incontestablement à l'Autorité municipale, qui approuva leur projet d'association sous le titre de Société de bienfaisance.

Le premier registre tenu par l'Association ne contient cependant ni statuts, ni réglement, ni contrôle indicatif des noms des sociétaires. C'était l'ébauche d'une bonne œuvre, où l'on ne retrouve qu'un état de recettes et de dépenses du 1er. septembre 1809 au 31 décembre 1810.

La Société débutait avec des ressources très-minimes, puisque son fonds de caisse n'excédait pas 37 fr. 55. Elle avait à la tête de son bureau : M. Pierre Éloy, qui est le doyen actuel de la Société dont elle a été le berceau ; M. Divory en qualité de trésorier, et MM. Séjourné et Flambart sans désignation de fonctions.

Malgré cette organisation imparfaite, la Société a

parcouru une première période décennale à l'expiration de laquelle, le 15 octobre 1820, son encaisse était de 146 fr. 72.

2ᵉ. PÉRIODE. — Présidences successives de MM. Cauchois, ancien chef d'escadron, Grémont et Joseph Flavigny.

A cette époque, un réglement en quinze articles qui n'était pas encore la perfection même modifia les conditions d'existence de la Société ; elle n'en a pas eu d'autre jusqu'en 1844, sous les présidences successives de MM. Cauchois, ancien chef d'escadron, Grémont et Joseph Flavigny.

Dans cet acte constitutif, les droits et les devoirs des sociétaires n'étaient pas assez nettement précisés. Le renouvellement du Bureau, qui restait indéfiniment en fonctions, n'avait point été prévu ; la plupart des articles, à défaut de cohésion entre eux, restaient à l'état de lettre-morte ; les lacunes abondaient et compliquaient la situation, et sans l'intervention de M. Mathieu Bourdon, qui était alors maire d'Elbeuf, et qui fut averti assez à temps pour y porter remède, l'entente avait été tellement compromise entre les sociétaires, dont la plupart étaient prêts à se retirer, qu'il semblait que c'en dût être fait de l'Association.

3ᵉ. PÉRIODE. — A partir de 1845, sous la présidence de M. Godquin.

Rétablie sur de nouvelles bases, elle prit aussitôt la dénomination de Société de secours mutuels.

Des statuts mûrement étudiés et rédigés en vue de la préserver pour l'avenir de tout écueil avaient été délibérés, puis votés en assemblée générale et soumis ensuite à la sanction de S. Exc. M. le Ministre de l'intérieur, dont l'autorisation ne s'était pas fait attendre.

Enfin, le 15 janvier 1845, le premier magistrat de la ville procédait solennellement à l'installation de la Société, en adressant à tous ses membres, réunis à cet effet dans l'une des salles de la Mairie, l'allocution suivante, qui peut donner la mesure des espérances que la municipalité rattachait à sa reconstitution :

« Messieurs,

« En daignant m'offrir la présidence de votre première assemblée légale, votre Bureau provisoire m'a fait un honneur que je n'oublierai jamais.

« Je suis tellement pénétré d'un pareil témoignage et j'apprécie si bien ce qu'il a de flatteur pour moi, que je considère comme un devoir de vous en exprimer tout d'abord ma vive et profonde reconnaissance.

« Votre Société, Messieurs, dont l'origine remonte à plus de trente années, est enfin reconstituée avec l'agrément de l'autorité supérieure.

« Vous êtes réunis pour nommer un bureau définitif et pour désigner les chefs qui devront vous commander, lorsque vous vous assemblerez militairement.

« Nul doute que vous n'apportiez dans le choix que vous avez à faire toute la sagacité désirable. C'est surtout dans la bonne direction de la Société que se trouvent les garanties de sa durée et de l'heureuse influence qu'elle doit exercer parmi vous.

« Vos statuts ont été élaborés avec le plus grand soin ; il ne s'agit plus que de les faire exécuter, et le Bureau que vous nommerez remplira cette mission d'autant plus facilement que vous avez tous rapporté, de vos régiments respectifs, cet esprit de discipline et de subordination qui vous a valu d'honorables congés.

« L'association que vous avez formée est la première de ce genre : elle honore particulièrement la ville où elle a pris naissance ; elle servira de modèle à d'autres villes, et ce ne sera là que son moindre mérite ; mais il faut encore qu'elle marche à la tête de toutes les associations qui s'organiseront à son instar, qu'elle leur donne l'exemple de la régularité, du respect pour l'ordre public et pour toutes les institutions qui distinguent notre patrie. C'est assurément ainsi que vous envisagez vous-mêmes les conditions de votre existence sociale.

« A ces conditions, que chacun de vous saura remplir, vous vous consoliderez et vous vous développerez avec le concours de l'autorité : son appui ne vous manquera pas ; car si tout lui dit qu'elle peut compter sur vous, il faudra bien que vous comptiez sur elle ; et comment pourrait-elle ne pas sympathiser vivement avec une Société dont le programme est une œuvre ineffable de philanthropie ?

« Ces secours mutuels, qui dérivent de votre pacte de famille, ne sont-ils pas un allégement pour nos établissements d'assistance publique ? Cette retenue que vous consentez à faire, sur le prix de votre travail et de vos revenus individuels, n'a-t-elle pas pour objet de diminuer graduellement les charges du budget municipal ?

« Oh ! oui, Messieurs, le but que vous poursuivez mérite tous nos éloges, et il faudrait être dépourvu d'intelligence et de sensibilité pour ne pas l'encourager, et pour ne pas le livrer comme utile enseignement à d'autres classes de la société.

« C'est donc pour ce but, dont l'indication vous appartient, que je m'attacherai à vous trouver des imitateurs ;

et si j'y parviens, vous y gagnerez vous-mêmes par l'effet salutaire et bienfaisant de l'esprit d'émulation qui prévient le relâchement en toutes choses, pendant qu'il active et stimule de nouveaux et de plus grands efforts chez tous les cœurs généreux.

« Sous tous ces rapports, Messieurs, l'inauguration légale de votre Société est une bonne fortune pour notre ruche industrielle; et faire un précieux texte des saines idées qu'elle continuera à mettre en pratique pour répandre et propager parmi nos travailleurs tout ce qui tend à améliorer leur avenir, s'ils veulent sagement employer l'excédant de leur salaire et le reconquérir, pour ainsi dire, sur le goût des folles dépenses et d'une déplorable dissipation, c'est agir dans le véritable intérêt des auxiliaires de nos fabriques; c'est leur témoigner de la meilleure manière possible la sollicitude à laquelle ils ont droit. »

A l'époque que l'on vient de rappeler, la Société comptait 158 membres, et nonobstant la faiblesse de ses ressources, elle a pu secourir en moyenne, chaque année, trente sociétaires malades, leur assurer les soins gratuits d'un médecin de leur choix, et leur fournir tous les médicaments nécessaires.

Elle pourvoit aux funérailles de ceux qui paient à la mort son fatal tribut, elle leur rend les honneurs militaires, et il arrive souvent que le président de la Société, en personne, prononce sur la tombe de ceux qui se sont plus spécialement distingués, une oraison funèbre toujours écoutée avec un pieux recueillement.

Le plan de conduite tracé dans le discours d'installation a constamment été la règle de tous les sociétaires, à tel point qu'ils ont traversé les mauvais jours de la révolution de 1848 sans qu'aucun d'eux fît de l'agitation ou du désordre. On les vit, au contraire, s'unir à la garde nationale et partager à l'envi son service, ses fatigues et ses veilles dans ces temps orageux.

On cite encore la belle conduite de quatre d'entre eux, les plus anciens parmi les vieux militaires de la Société qui, venant à remplacer un poste de vingt gardes nationaux dont la foule avait presque forcé la consigne pour entrer dans la cour de l'Hôtel-de-Ville, réussirent à lui en imposer et à la ramener, à force d'ascendant moral sur elle, jusqu'aux limites qu'elle ne devait pas dépasser.

Le dévouement de la Société aux idées d'ordre et de stabilité, sa bonne tenue et tant d'autres considérations militant en sa faveur, ont contribué à la faire juger digne par le Conseil municipal, dans sa séance du 23 février 1854, d'être déclarée établissement d'utilité publique.

Elle a été autorisée comme telle le 23 septembre de la même année, et le 16 août suivant, son président a été nommé par décret impérial.

A partir de cette dernière transformation, il n'est survenu dans ses statuts aucun changement sérieux ; la révision quinquennale, qui est une de leurs prescriptions, a permis seulement d'en modifier quelques articles selon les conseils de l'expérience.

Des décès, des départs d'Elbeuf et quelques radiations inévitables ont réduit le nombre de ses membres à 112.

La réserve, qui était au 1er. janvier 1845 de 1,000 fr., est présentement de 7,554 fr. 70.

Indépendamment du secours quotidien de 1 fr. qu'elle accorde à tout sociétaire malade, pendant toute la durée de sa maladie et de sa convalescence, des soins médicaux et des médicaments délivrés gratuitement, elle dispense des secours temporaires aux vieux sociétaires nécessiteux.

C'est ainsi qu'elle vient de constituer des rentes viagères de 50 fr. au profit de trois vieillards; et qu'en 1863 elle en constituera encore deux autres de même importance, avec une semblable destination.

Boulangerie.

La boulangerie est divisée en 1862 comme elle l'était en 1842, c'est-à-dire en trois classes, avec les mêmes conditions d'approvisionnement de farines pour chacune de ces trois classes.

Toutefois, depuis trois ou quatre ans, des craintes s'étant manifestées sur la réalité de l'approvisionnement dont il s'agit, la ville s'est fait autoriser à établir, dans un local qu'elle tient à loyer, un magasin de réserve pour les farines; et, pour compenser les dépenses qu'une telle mesure allait lui imposer et qui s'élèvent annuellement à plus de 6,000 fr., elle a assujetti les boulangers à une taxe destinée à couvrir les dépenses précitées; mais l'expérience n'a pas tardé à démontrer que les obligations nouvellement imposées à la boulangerie finiraient par aboutir à la nécessité d'augmenter le prix du pain, puisqu'il n'était pas possible de créer une charge au commerce qu'elle représente sans lui octroyer les moyens de la supporter.

Il est donc présumable que le magasin de réserve des farines n'a plus désormais qu'une existence éphémère, en présence des considérations qui semblent devoir faire juger la mesure.

Il est essentiel, en effet, de ne pas trop enchérir le

prix du pain dans un centre de consommation où la vie alimentaire doit être réduite aux proportions les moins coûteuses à cause de son influence directe sur le taux de la main-d'œuvre.

Pompes à incendie.

Il faut remonter jusqu'en 1742 pour avoir la date de la formation, à Elbeuf, d'un service de secours pour les incendies.

On voit encore, parmi les pompes composant le matériel actuel, celle qui fut acquise, à la date qui vient d'être rappelée, au prix de 2,500 livres. Elle est tout à la fois la plus ancienne pompe de la ville et du département. En 1780, une deuxième pompe de petit calibre lui fut adjointe.

On en acheta une plus forte en 1820, deux autres encore plus fortes en 1822 et 1823 ; enfin, celles qui lancent un plus grand volume d'eau furent achetées, au nombre de trois, en 1827, 1828 et 1835 ; la pompe qui fut l'objet de ce dernier achat est la plus grosse de toutes.

En 1836, tous les nœuds de raccordement des boyaux furent changés pour les mettre au même pas de vis ; de telle sorte qu'il n'y eût pas un seul boyau qui ne pût s'ajuster sur toutes les pompes.

Outre les pompes, le matériel est composé de quatre grandes voitures pouvant contenir chacune environ 100 seaux en osier, et d'un char-à-bancs susceptible de porter six hommes et servant d'avant-train à une pompe.

Le coffre, utilisé comme siége, contient 100 seaux en toile, le tout ayant pour destination d'envoyer des secours aux communes voisines.

On voit encore figurer dans le matériel une grande quantité d'échelles, tant droites qu'à crochets, des gaffes et près de 1,000 seaux, soit en toile, soit en osier ;

Des bâtardeaux en toile et des appareils pour boucher les orifices des égouts, afin de faire couler l'eau le long des trottoirs ;

Une double garniture de boyaux pour chaque pompe ;

Des tuniques d'uniforme et des vestes en drap, des ceintures et des cordages en nombre égal à l'effectif de la compagnie des sapeurs-pompiers.

Tout ce matériel peut être évalué à 30,000 fr.

La constatation des incendies qui se sont produits depuis six ans donne lieu à la répartition suivante :

   12 en 1856
   16 1857
   21 1858
   17 1859
   22 1860
   22 1861

La moyenne est de 18, et, comme telle, peut s'appliquer aux années qui se sont écoulées entre 1842 et 1856.

La compagnie des sapeurs-pompiers, parfaitement organisée sous tous les rapports, est toujours sous le commandement de M. Léon Pion, dont les services de toute nature, au-dessus de tout éloge, lui ont valu la décoration de la Légion-d'Honneur.

La compagnie d'assurances autorisée par ordonnance royale du 6 août 1836, sous le titre de *Compagnie Elbeuvienne*, a cessé d'exister ; elle ne pouvait pas, quelles que fussent la rapidité des secours dans les incendies et leur intelligente direction, résister aux conséquences des risques contigus qui, en cas de fréquents sinistres, l'auraient infailliblement entraînée à sa ruine.

Pompes funèbres.

Le transport des morts par les confréries de charité a fait place, au commencement de l'année 1843, à un service de transports par chars.

Ce service a été l'objet d'une première concession de neuf années, d'après un tarif approuvé par le Conseil municipal.

De 1852 à 1860, il a été confié à un autre concessionnaire, sans aucune modification aux clauses et conditions du tarif.

Il a été concédé enfin, depuis 1860, sur de nouvelles bases indiquées par l'expérience, avec un nouveau tarif dont beaucoup de clauses sont devenues facultatives au gré des familles, dans leur intérêt mieux compris et pour une période qui expirera le 28 février 1870, à l'Entreprise des pompes funèbres générales de France, dont l'administration centrale est à Paris, rue de Dunkerque, n°. 78, et la régie particulière pour l'arrondissement de Rouen, en cette ville, rue Dulong.

Aux termes du traité consenti à l'Entreprise, il doit être alloué sur ces produits diverses remises aux fabriques des paroisses, à répartir entr'elles dans la proportion des trois quarts pour celle de St.-Jean et d'un quart pour celle de St.-Étienne.

Lorsque la fabrique de la paroisse de Notre-Dame-de-l'Immaculée-Conception sera installée, la part de celle de St.-Jean sera réduite d'un quart à son profit, et la nouvelle paroisse sera assimilée à celle de St.-Étienne.

Si le montant annuel des remises prévues et spécifiées par le traité dépasse le chiffre de 2,400 fr., l'excédant sera proportionnellement partagé entre les fabriques, comme il vient d'être dit; dans le cas contraire, l'Entreprise sera tenue de considérer ce chiffre comme un minimum de répartition obligatoire pour elle.

Jusqu'à présent, l'organisation du service a paru être supérieure, dans sa tenue et dans le matériel dont elle se compose, à celle qui a fini son temps en 1860; il y a tout lieu de croire qu'elle continuera à prévenir toute réclamation et à répondre à toutes les exigences.

Justice de paix.

La statistique judiciaire présente les résultats suivants, pour la justice de paix d'Elbeuf:

1re. Période: 1840 à 1849.

	Moyenne.
Jugements contradictoires par défaut.	424
D°. de police	173
Tutelles, émancipations-notoriétés.	67
Appositions de scellés.	29
Procès-verbaux de conciliation et non-conciliation.	41

2e. Période: 1850 à 1859.

	Moyenne.
Jugements définitifs.	241
Jugements de police.	694
Tutelles, émancipations-notoriétés.	81
Appositions de scellés.	24
Procès-verbaux de conciliation et non-conciliation.	49
Billets d'avertissement avant citation.	3,100

Exercice 1861.

	Moyenne.
Jugements définitifs.	329
D°. de police.	587
Tutelles, émancipations-notoriétés.	80
Appositions de scellés.	17
Procès-verbaux de conciliation et non-conciliation.	61

On remarque, dans la comparaison du nombre des jugements spéciaux aux deux périodes décennales, de 1840 à 1849 et de 1850 à 1859, que le nombre des jugements a subi, pour la deuxième période, un chiffre décroissant de 183.

On remarque également une différence très-significative entre la moyenne des jugements autres que ceux de police, de 424, première période; 241, deuxième période; et l'effectif des avertissements avant citation, de 3,100 en moyenne.

Tribunal de commerce.

Le tribunal de commerce a deux juges titulaires et deux juges-suppléants de plus qu'en 1842; il est composé de neuf magistrats, son président compris, et d'un greffier.

Cette augmentation a été la conséquence de celle qui s'est produite dans la quantité des affaires soumises à sa juridiction.

En voici l'état pendant les cinq dernières années:

ANNÉES.	NOMBRE DES AFFAIRES inscrites au rôle.	JUGEM. EN 1er. RESSORT.		JUG. EN DERNIER RESSORT		RADIÉES.
		Contradictoires.	Par défaut.	Contradictoires.	Par défaut.	
1857	747	66	24	153	228	225
1858	775	76	24	148	208	301
1859	706	51	27	114	203	257
1860	760	65	24	166	233	203
1861	690	62	29	142	237	196
	3,678	320	128	723	1,109	1,182
Moyenne quinquennale.	735	64	25	144	236	236

Faillites.

ANNÉES.	QUANTITÉS déclarées.	NOMBRE DE FAILLITES LIQUIDÉES			FAILLITES dont le jugement a été rapporté.	IMPORTANCE DE L'ACTIF des faillites liquidées.	
		Par concordat.	Par liquidation de l'union.	Closes par insuffis. d'actif.		F.	C.
1857	14	3	4	»	2	82,700	»»
1858	15	3	4	9	2	564,212	»»
1859	14	1	14	1	2	494,019	34
1860	18	1	13	6	»	776,861	97
1861	21	3	5	4	»	374,776	60
	82	11	37	20	6	2,292,569	91
Moyenne quinquennale.	16	2	7	4	»	458,515	58

Sociétés.

Nombre d'actes de formation de Sociétés publiés.

ANNÉES.	EN NON-COLLECTIF.	EN COMMANDITE.
1857	28	7
1858	26	2
1859	22	3
1860	22	1
1861	18	5
	116	18

Chambre de commerce.

Instituée par décret impérial en date du 5 juin 1861, installée seulement le 29 janvier 1862, cette Chambre, qui remplace la Chambre consultative des arts et manufactures, selon le désir qu'avait exprimé celle-ci elle-même, dès 1859, n'a pas encore une existence d'une date assez ancienne pour motiver un compte-rendu de ses travaux.

On peut compter sur son dévouement aux intérêts dont elle est l'organe, elle en a déjà donné et continuera à en donner des preuves.

Le nombre de ses membres est limité à neuf; celui des membres de sa devancière était de douze.

.Son budget, de 1,500 fr. pour l'année présente, s'élèvera à 3,000 fr. en 1863. Elle a commencé à organiser ses divers services, et tout annonce qu'e.le sera à la hauteur de sa mission.

L'institution d'une Chambre de commerce est un bienfait pour la ville d'Elbeuf, dans les conséquences que l'avenir lui réserve.

Le Gouvernement a long-temps hésité à se prononcer dans cette question, mais il a fini par se rendre aux vœux à peu près unanimes de la population, qui en réclamait avec instance la solution.

Conseil des Prud'hommes.

Un décret du 27 mai 1848 a motivé la réorganisation de ce Conseil, dont la mission bien comprise est de nature à exercer une si grande influence dans les centres industriels, et qui a rendu, dans tous les temps à Elbeuf, des services incontestables, en s'efforçant d'apaiser toute discorde entre les patrons et les ouvriers, et de les ramener à l'esprit de paix et de conciliation.

Cette réorganisation a eu lieu conformément à l'arrêté pris par le Commissaire général du département de la Seine-Inférieure, le 10 juin de la même année, et elle n'a pas été modifiée depuis.

Le Conseil des Prud'hommes se compose d'un président, d'un vice-président, de six membres patrons, de six membres ouvriers et d'un secrétaire.

On peut apprécier le dernier mouvement quinquennal des affaires soumises au Conseil, d'après le tableau suivant :

ANNÉES.	CAUSES INSCRITES.	DÉRÔLEMENTS.	CONCILIATIONS.	JUGEMENTS.
1857	1125	470	583	72
1858	968	433	521	14
1859	1176	501	563	112
1860	1143	565	548	30
1861	1220	622	575	23
	5632	2591	2790	251
Moyenne quinquennale	1126	518	558	50

Société industrielle.

Cette Société a pour but le progrès de l'industrie et du commerce, l'encouragement des sciences et des arts et le développement des intérêts moraux du pays.

Ses moyens d'action consistent dans la publication de ses travaux, dans des concours, des cours publics et gratuits, des prix et des récompenses.

Tel est l'énoncé de l'article premier de ses Statuts, tel est aussi le vaste champ qui lui est ouvert.

On remarque, en examinant sa constitution, qu'elle a eu à cœur de marcher sur les traces de la Société industrielle de Mulhouse, sa sœur aînée; elle ne pouvait, en effet, choisir un meilleur modèle.

Elle date du commencement de l'année 1859, et elle a déjà affecté cinq cours à l'enseignement :

1° De la mécanique;

2°. De la chaleur appliquée ;
3°. Du dessin linéaire ;
4°. Du dessin d'ornement ;
5°. De la chimie appliquée à l'industrie.

Ces différents cours, professés, les deux premiers par M. Demeule, jeune ingénieur civil, plein d'avenir ; les troisième et quatrième par M. Nourry, homme d'un talent éprouvé ; le cinquième par M. Houzeau, dont la réputation, justement acquise, est de notoriété publique, n'ont pas cessé d'être suivis avec la plus grande régularité : ils ont produit de très-bons résultats.

M. Houzeau a pour suppléant M. Pinchon, mais il n'a point oublié qu'il est un enfant d'Elbeuf, et il se dérobe fréquemment aux obligations qui le retiennent à Rouen pour venir enseigner honorifiquement, dans sa ville natale, une science dans laquelle il excelle.

La Société se propose encore d'ouvrir d'autres cours, notamment un cours de comptabilité et un cours de tissage.

On doit une approbation sans réserve à de pareils débuts, puisqu'ils semblent avoir réussi au-delà de toute expression et qu'ils ont, en réalité, répondu à des nécessités incontestables.

Le compte-rendu des travaux de la Société, à un autre point de vue, constate qu'elle s'est successivement occupée, sous la présidence si éclairée de MM. Poussin père et fils :

De la transformation du lavage des laines à la main en lavage mécanique,

Des améliorations à apporter à leur filature,

De nouveaux procédés pour l'encollage des chaînes,

Des perfectionnements dont peuvent être susceptibles les appareils destinés à les monter,

Du tissage mécanique,
Du dégraissage des draps,
De l'emploi des déchets,
De celui de la bourre des laineries et des tondeuses,
De l'abaissement du prix du gaz,
Du chemin de fer de Serquigny à Rouen,
De la levée des prohibitions,
Des droits spécifiques.

Cette nomenclature est donc une preuve manifeste qu'elle est loin d'être restée oisive, et qu'elle a compris sa mission.

Le nombre des membres ordinaires de la Société est de 149 et ne doit pas dépasser 300; celui de ses membres honoraires et correspondants est illimité.

Elle subvient à ses dépenses au moyen d'une cotisation personnelle et annuelle de 50 fr. Outre sa cotisation annuelle, chaque membre acquitte un droit d'entrée de 50 francs.

Les statuts de la Société industrielle ont été révisés au mois de janvier de la présente année 1862, et son existence paraît devoir se développer et s'affermir de plus en plus avec le temps.

Muséum d'histoire naturelle.

La Société industrielle possède un muséum d'histoire naturelle qui mérite une mention exceptionnelle.

Elle en doit la création et les développements successifs à l'un de ses professeurs, M. Nourry.

Rien n'est plus digne d'intérêt et d'observation que les collections ornithologiques, entomologiques, géologiques et autres que contient le muséum.

Elles ont été rassemblées par M. Nourry avec un zèle infatigable et une patience soutenue. Il n'a pas hésité à s'imposer les plus grandes privations et des sacrifices sans nombre dans l'unique pensée de faire concourir le produit de ses recherches à l'étude du dessin, sa préoccupation dominante.

Le muséum et les cours que professe M. Nourry, pour la Société, se prêtent donc un secours mutuel.

Le savoir profond du professeur en tout ce qui concerne l'histoire naturelle de la province de Normandie et ses connaissances, tant dans cette spécialité anatomique qu'en géométrie, ont été non moins profitables à la formation du muséum qu'à l'instruction d'un très-grand nombre d'élèves dessinant déjà parfaitement d'après nature, dans l'application à l'industrie de l'enseignement dont ils sont l'objet.

Le muséum et les cours qui s'y relient étroitement les attachent à un tel point, que toute cette jeunesse (il faut l'en louer bien fort, au point de vue moral) préfère désormais les jouissances sérieuses qu'elle y trouve aux plaisirs frivoles qui la détournaient auparavant du but sérieux de la vie de travail.

On ne saurait trop féliciter M. Nourry d'un semblable succès; il a dévoué toute son existence aux études qui l'ont préparé, il est juste qu'il en recueille les fruits.

Société archéologique.

La Société archéologique a été inaugurée par le savant abbé Cochet, dans le local de la Société industrielle, où elle a tenu provisoirement séance.

Elle a élu son président en la personne de M. Gustave-

Victor Grandin, qui s'occupe depuis un certain temps de l'étude de l'archéologie et qui s'y consacre avec autant d'ardeur que de savoir et de discernement, qualités d'ailleurs héréditaires dans sa famille.

Le discours d'inauguration a défini la portée et le but de la nouvelle institution, de manière à intéresser son nombreux auditoire.

La Société est d'une origine beaucoup trop récente pour qu'on l'apprécie encore dans ses actes : elle date seulement de 1861.

Son président a mission de la réglementer et de l'organiser.

C'est une tâche à laquelle il ne fera pas défaut. La Compagnie a obtenu dès son berceau de notables encouragements, et l'appui de la Société industrielle et de la Direction de son musée n'ont point été pour elle sans utilité.

Société médicale.

La science médicale a tant d'occasions de s'exercer dans la ville d'Elbeuf, à cause de la nombreuse population ouvrière qu'elle contient, des accidents de toute nature qui surviennent de temps à autre dans les manufactures, et des cas de maladie plus ou moins graves que l'on voit s'y produire, que, pour en étudier les causes et en combattre les effets, une action commune paraissait, au fur et à mesure de l'agrandissement de la cité, devoir devenir non-seulement utile, mais encore indispensable.

L'autorité municipale, dont les fonctions cessèrent en 1848, eut le bonheur de faire goûter la pensée qu'elle avait conçue elle-même dans ce sens aux hommes dévoués qui consacraient, au milieu de ses administrés, leur vie à l'art de rétablir et de conserver la santé.

Elle les réunit et les trouva spontanément disposés à constituer entre eux une société médicale.

Cette Société a fonctionné à partir de 1845 ou 1846 et fonctionne encore sans la moindre entrave.

Elle a pour but de resserrer les liens qui doivent unir étroitement entre eux tous les membres d'un corps dont la profession est éminemment libérale, et de les mettre à même, dans des assemblées périodiques, de se communiquer réciproquement leurs observations diverses, de manière à les faire tourner dans la pratique au profit de l'humanité.

La Société médicale d'Elbeuf peut être proposée pour modèle à toutes les villes, elle honore particulièrement celle où elle a pris naissance.

Elle se distingue par son organisation et par l'esprit dont elle est animée.

Elle a pour président actuel M. Benjamin Fillolet, que son caractère conciliant, sa parfaite entente des sentiments de bonne confraternité désignaient comme tel aux suffrages éclairés de ses collègues.

Elle rend enfin des services qui lui assurent indistinctement l'estime et la considération de toutes les classes, riches et pauvres, de la grande agglomération elbeuvienne.

Poste aux lettres.

Le service de la poste aux lettres s'est accru proportionnellement à l'extension de la ville elle-même, de son commerce et de son industrie.

Les heures de départ et d'arrivée des courriers ont été multipliées, au profit des correspondances de toute nature et pour tous pays.

En 1861, on a compté au bureau d'Elbeuf :

L'envoi de 725,580 lettres, ⎫
Et la réception de 621,468   » ⎬ 1,347,048
L'arrivée de 275,760 journaux po-
   litiques, ci 275,760
Celle de 7,679 lettres chargées et
   valeurs déclarées, soit. . . . 7,679
               Total. . . . 1,630,487

Le produit de la vente des timbres-poste, au nombre de 654,826, s'est élevé à 106,724 fr. 40 c., et la recette totale de l'année à 236,187 fr. 36 c.

Station télégraphique.

Par délibération du Conseil municipal, en date du 31 mai 1856, la ville d'Elbeuf a garanti à l'État, moyennant l'établissement de communications électriques aux frais du Trésor public entre Elbeuf et Rouen, un minimum de recette de 4,000 fr. par an, et elle s'est obligée à parfaire annuellement ladite somme dans le cas où la perception des taxes au bureau d'Elbeuf n'atteindrait pas ce chiffre.

La Ville a mis en outre à la disposition de l'État, pour le bureau de télégraphie électrique et pour le logement du chef de station, plusieurs pièces de l'Hôtel-de-Ville.

Dès la première année de la mise à exécution de l'engagement ci-dessus, la station télégraphique a fonctionné de manière à se suffire à elle-même, et il n'est pas douteux qu'elle est, en définitive, non moins profitable à l'État qu'au commerce et à l'industrie.

Son action était, au surplus, devenue d'absolue nécessité dans un centre d'activité où l'échange rapide des dépêches peut exercer souvent une certaine influence sur la marche des affaires.

Éclairage au gaz.

La Compagnie anonyme elbeuvienne d'éclairage par le gaz hydrogène, instituée depuis l'année 1838, a renouvelé son traité avec la ville d'Elbeuf pour une période de cinquante ans, à partir du 1er mars 1861.

Le prix du gaz pour les lanternes publiques est, suivant l'émission plus ou moins grande de lumière, de 0,018, — 0,023, — 0,029 par heure et par bec, ou de 0,20 c. par mètre cube.

Il est, pour les consommateurs, de 0,35 c. et de 0,30 c. exceptionnellement dans les ateliers industriels dont l'éclairage nécessite l'emploi annuel de 3,000 mètres de gaz au moins.

L'éclairage public se compose de 163 lanternes de ville et d'une centaine de becs à l'Hôtel-de-Ville, à l'École chrétienne, à la Crèche, à l'Orphéon et au Théâtre.

L'éclairage privé se répartit entre 4,000 à 4,500 becs.

Le gaz livré à la consommation, en 1861, a atteint le chiffre de 472,000 mètres cubes.

Indépendamment du coke employé dans ses fours de production, la Compagnie en réserve chaque année dix-huit mille hectolitres environ pour les vendre à la classe ouvrière, qui préfère, comme moyen de chauffage, le coke au bois par raison d'économie, et l'usage de ce combustible tend à se vulgariser de plus en plus.

L'éclairage public et privé d'une certaine partie de la commune de Caudebec-lès-Elbeuf se trouve compris, sans aucune modification de tarif, dans l'exploitation de la Compagnie elbeuvienne.

CONCLUSION.

Au moment d'achever cette collection de notes additionnelles à l'étude de 1858 sur l'importance commerciale et manufacturière de la ville d'Elbeuf, est-il besoin, pour expliquer leur apparente dissemblance en certains points avec le double sujet de cette étude, de rappeler que l'industrie a été le principal moteur de tous les progrès réalisés; que c'est elle qui les inspire et les commande, et qu'il ne peut rien se faire, à la base comme au couronnement en toutes choses, qui n'ait pour objet de favoriser son essor?

Depuis 1858, ses produits ont brillé d'une manière remarquable à l'Exposition régionale de Rouen, ils en ont emporté les plus hautes récompenses.

Elle supplée par son goût exquis dans la fabrication des articles de nouveauté, par sa tendance persévérante à la perfection dans celle de la draperie, aux difficultés inséparables des conditions de travail qui lui sont propres.

Le crédit est organisé par elle et pour elle de façon à seconder tous les efforts, appuyés de l'intelligence, de l'activité et de l'esprit d'ordre et de conduite.

Elle est constamment en quête de toutes les améliorations, mécaniques et autres, susceptibles de simplifier la production et de modérer les frais de main-d'œuvre.

Une société qui ne lui manque plus et qui, sous le titre de *Société industrielle*, fait professer dans son intérêt les cours les plus utiles, recherche avec ardeur les moyens de substituer une action nouvelle à celle de la Société de bienfaisance qui a cessé d'exister, pour faire emploi des déchets de fabrique, et surtout pour en soustraire le funeste abus à ces fraudes coupables qu'il a été toujours si difficile de prévenir et de réprimer.

Le lavage des laines, pratiqué par des procédés nouveaux fonctionnant merveilleusement, a déterminé une sorte de révolution dans les travaux à façon; la teinture a produit dès-lors des nuances moins sujettes à s'altérer, plus fraîches, plus pures et plus vives, et les laines se sont mieux cardées et mieux filées.

Le tissage mécanique, problème résolu pour les draps unis, semble pouvoir être prochainement applicable aux tissus façonnés.

On a découvert des appareils d'encollage, de séchage et autres, plus expéditifs que par le passé. L'apprêt des étoffes n'est pas demeuré en arrière du mouvement; l'outillage, en général, se renouvelle sensiblement.

C'est au milieu de ces circonstances que les alarmes produites par les réformes douanières ont perdu peu à peu de leur intensité.

L'industrie est cependant encore en présence de l'inconnu; mais elle est aussi prudente que courageuse, elle a dans son expérience un guide sûr, elle ne reculera pas devant la lutte.

A l'exposition universelle de Londres, où elle est représentée par quinze de ses principaux manufacturiers, l'exhibition de ses étoffes, aussi belles que variées, paraît avoir attiré l'attention générale.

Il n'y a donc point à désespérer de l'avenir manufacturier de la ville d'Elbeuf et de tout ce qui s'y lie intimement, quoiqu'il soit indispensable que l'industrie soit sans cesse sur le qui-vive, et qu'elle ne compromette pas, en se laissant entraîner avec trop de précipitation dans les nouvelles voies qui lui sont ouvertes, un passé dont elle doit, à juste titre, être fière et glorieuse.

SUR LES LOGEMENTS D'OUVRIERS.

Je n'ai point l'intention de traiter ici les premier et troisième paragraphes de la 20e. question, laissant à d'autres le soin d'en parler avec l'expérience plus étendue qu'ils peuvent avoir du sujet qu'ils embrassent. Je me propose spécialement d'exposer les raisons qui me paraissent militer en faveur de l'établissement de logements d'ouvriers en cette ville d'active industrie, où le travail abonde, mais où le peu que je sais des avantages qu'ils pourraient procurer à nos intéressants coopérateurs m'encourage à prendre la parole.

Aux temps primitifs de la fabrique et tant que les opérations qu'elle a nécessairement pour auxiliaires sont restées à l'état manuel, le nombre des ouvriers résidant à Elbeuf fut infiniment restreint.

Le cardage et la filature des laines s'effectuaient à la campagne, dans un rayon de 12 à 15 lieues.

Le tissage, beaucoup moins développé qu'il n'est aujourd'hui, à cause de l'état relativement peu avancé de la production, occupait dans les villages voisins un certain nombre de familles.

L'industrie était dans l'enfance ; le travail des apprêts, si multiplié, si diversifié de nos jours, n'attirait en ville, à cette époque, qu'une minime fraction des ouvriers appelés à y concourir, des tondeurs et des laineurs à la main tout au plus, la plupart de ceux-ci préférant encore se rendre le matin à leur atelier et s'en retourner le soir dans leurs villages; car ils y possédaient, aussi bien que les ouvriers tisserands, avec une masure ou un champ à côté de leur maison d'habitation, de nombreux sujets d'attache et de précieuses ressources alimentaires pour leur existence.

Pendant un long espace de temps et jusqu'au commencement du présent siècle, la fabrique d'Elbeuf n'eut donc point à s'enquérir si ces travailleurs avaient un abri satisfaisant, si l'air et le soleil pénétraient dans leurs chaumières, et si toutes les conditions qui maintiennent et fortifient la santé s'y trouvaient réunies.

La loi sur les logements insalubres n'aurait point eu sa raison d'être alors; mais depuis que le travail mécanique a graduellement remplacé le travail manuel, depuis que le tissage s'est perfectionné, à partir du jour où les articles de nouveauté ont introduit chez nous un nouvel élément de production, les choses ont bien changé, et la substitution probablement très-prochaine du tissage mécanique au tissage à la main tend encore, de jour en jour, à les révolutionner davantage.

C'est ainsi que, les instruments de travail étant désormais mus par la vapeur, la classe ouvrière n'a pas pu conserver son action isolée, et qu'il a fallu la ramener et la concentrer dans de vastes ateliers. Devant cette nécessité presque absolue, les anciennes habitudes ont dû fléchir: les allées et les venues quotidiennes eussent constitué pour les ouvriers une trop grande perte de temps; la question de leur agglomération successive *intrà muros* ou bien dans la banlieue était en conséquence résolue.

A présent, sur le double point de savoir comment ils s'y sont logés et comment ont été construites les habitations dans lesquelles devait s'opérer, à leur égard, la transition de la vie des champs à la vie urbaine, il est vrai de reconnaître que les logements d'ouvriers ne donnent pas lieu, à Elbeuf, aux critiques amères dont ils ont été l'objet dans d'autres centres industriels; sans doute, il en existe dont l'assainissement et l'appropriation laissent beaucoup à désirer, pour ne pas dire à regretter ; cependant ces logements ne sont pas, pour la plus grande partie, précisément inhabitables, soit qu'on les scrute dans les quartiers de la ville où ils se trouvent, soit qu'on aille les examiner dans les communes limitrophes qui les contiennent plus généralement.

Ce qui leur est nécessaire, c'est ce qu'il est impossible de rencontrer dans des habitations jetées çà et là, ou pêle-mêle, ou bien éparpillées, décousues, n'ayant souvent entre elles aucun lien commun, sans écoulement pour les eaux ménagères, privées aussi d'une foule de commodités ou d'agréments que la civilisation rend actuellement indispensables ; c'est ce que présente, en d'autres termes, l'organisation spéciale des logements d'ouvriers.

Il en résulte que, pendant les jours fériés et aux heures de repos, le foyer domestique, en lui-même et dans ce qui l'entoure, n'a pas d'attrait suffisant pour l'ouvrier, et que tandis qu'il ne s'en éloignerait pas s'il en était autrement, le besoin de distraction le conduit malheureusement vers le cabaret ou tout autre lieu de dissipation.

Voilà pourquoi, croyant pour ma part qu'à ces divers points de vue il y aurait quelque chose à faire, ne fût-ce d'abord qu'une simple étude, je me suis souvent préoccupé de la question, et qu'enfin l'idée m'est venue de profiter du Congrès de l'Association normande pour solliciter particulièrement la mise à l'ordre du jour du deuxième paragraphe, qui lui est attribué par le programme de ce Congrès.

Je me suis affermi dans cette idée par cette première raison : qu'en beaucoup de circonstances il peut suffire d'appeler l'attention sur une chose utile pour qu'on y songe sérieusement, et que démontrer l'utilité dont il s'agit, c'était peut-être offrir à plus d'un membre de la Compagnie qui nous honore de sa visite, par la lumière qui jaillit de toute discussion, l'occasion d'aller plus loin, c'est-à-dire d'indiquer un projet susceptible de pouvoir se réaliser.

Un travail statistique, auquel je me suis livré dans le but de placer les faits actuels de la localité en regard de ceux dont j'ai eu l'honneur d'entretenir l'Association en 1842, m'a convaincu qu'il était nécessaire de rechercher un puissant dérivatif aux entraînements qui assiégent la classe ouvrière, et que parmi les moyens à employer pour l'en détacher, celui qui, après le temps occupé par le travail, aurait pour effet de la retenir au foyer domestique en lui faisant goûter les joies de la famille dans une résidence agréable, en mettant à sa portée la somme de bien-être la plus en rapport avec ses besoins, en protégeant, en sauvegardant enfin sa santé, serait un véritable bienfait pour elle.

Lorsque l'on réfléchit qu'il existe à Elbeuf un débit de liquides par soixante habitants, et que dans les communes suburbaines la proportion descend encore au-dessous de cette limite ; que l'abus des liqueurs alcooliques enfante, en outre, de graves désordres, et que l'allocation du budget municipal pour subvenir au traitement des aliénations mentales qui en procèdent va s'élever cette année à 14,000 fr., avec la perspective d'une croissance continue plutôt que d'un abaissement, on comprend que tous les cœurs honnêtes doivent s'exercer à découvrir un palliatif, sinon un remède salutaire, à de pareils excès.

Quel inconvénient y aurait-il à essayer d'élever dans cette tendance, au milieu de nous, des logements d'ouvriers semblables à ceux de la ville de Mulhouse, à laquelle nous avons déjà emprunté notre Société industrielle et les cours que fait professer celle-ci, et qui commencent à produire au profit de la classe ouvrière des résultats si heureux?

Que l'on ne vienne pas objecter ici que ces logements ont un motif plus déterminant autour des usines fondées loin des villes. Assurément, en un tel cas, le fait seul de l'isolement en devient la cause obligatoire; mais il est évident que d'autres considérations n'en provoquent pas moins leur création partout où leur absence peut avoir des conséquences funestes et relâcher les liens de la famille.

L'essentiel serait uniquement de parvenir à en combiner l'organisation, de telle sorte qu'indépendamment d'une parfaite appropriation à leur destination, on pût assurer aux capitaux à l'aide desquels ils s'établiraient un intérêt suffisant, et réserver à la classe ouvrière la faculté de les acquérir dans un temps plus ou moins long, en lui inspirant l'amour de la propriété, qui peut exercer sur elle une si heureuse influence.

J'ai l'espérance que ce problème ne sera pas insoluble.

La ville d'Elbeuf a largement pourvu, dans sa libéralité budgétaire, aux nécessités de l'enfance et de la première jeunesse ; elle est riche en crèche, en asiles, en maisons d'instruction primaire élémentaire ; elle affecte encore à l'assistance publique, dans des établissements charitable et hospitalier qui sont très-remarquables, des subventions importantes; elle a fondé une caisse d'épargnes, institué des sociétés de secours mutuels ; mais il lui manque encore, en dernière analyse, des logements d'ouvriers, dans l'intérêt surtout de la partie la plus virile de sa population : des adultes, en un mot, auxquels il faut absolument procurer des logements qui les charment et qui les fixent, afin de les soustraire à la tentation d'aller passer dans les lieux de dissipation, où l'imprévoyance les conduit, leurs heures de délassement.

Un digne prêtre, qui a laissé à Elbeuf les meilleurs souvenirs, l'ancien curé de la paroisse St.-Jean, M. l'abbé Poulain, avait réussi, dans ce but, à rassembler jusqu'à mille ouvriers chaque dimanche à l'École chrétienne, et à les faire assister à des conférences qui paraissaient leur plaire ; elles ont cessé au moment de son départ pour Dieppe, et même, sans cette circonstance, elles seraient arrivées infailliblement à leur terme, tant elles étaient devenues pénibles pour lui, et tant sa situation de santé aurait fini par le mettre dans l'impossibilité d'y donner suite !

Ce n'était là, toutefois, qu'un expédient passager et qui ne peut plus se reproduire, tout le monde s'accordant à dire que les conférences de M. l'abbé Poulain présentent trop de difficultés d'exécution pour être reprises; il y aurait donc lieu de fonder quelque chose de plus durable, et les logements d'ouvriers, avec toutes les conséquences qui s'y rattachent, me semblent devoir être un moyen plus efficace.

J'appelle, en résumé, par ces motifs, de tous mes vœux et sans vouloir arrêter plus long-temps l'attention de mon auditoire sur ce simple exposé, l'étude approfondie de la question : elle se recommande, en effet, à la vive sollicitude de tous les hommes généreux ; et tout ce qui sera de nature à l'éclairer dans la discussion qui vient de s'ouvrir, et à la faire entrer ensuite dans le domaine des faits, recevra incontestablement dans notre centre industriel l'accueil le plus favorable et le plus sympathique.

TOAST

Porté par M. Bourdon au banquet donné à Elbeuf, lors de la session de l'Association normande, en 1862.

« MESSIEURS,

« Le toast que j'ai l'honneur de vous proposer réunira toutes vos sympathies, car il s'adresse à l'industrie, au milieu d'une population ardente au travail, quels que soient les obstacles qu'elle ait à surmonter.

« Un régime de protection restreinte a remplacé, il y a moins d'un an, celui sous lequel notre spécialité industrielle avait progressivement grandi.

« La prohibition a emporté avec elle, il faut le dire, des discussions qui n'auraient désormais aucune raison d'être : rien ne pouvait ainsi nous ramener en arrière, nous avons dû nous conformer aux circonstances, agir et travailler en conséquence.

« Cependant la guerre d'Amérique, si funeste dans

ses effets à l'industrie cotonnière, est venue presque aussitôt nous atteindre nous-mêmes.

« Elle n'a pas fait le vide dans l'approvisionnement de nos matières premières, mais au moment où notre marché intérieur devenait accessible aux produits rivaux de l'étranger, elle a fermé à nos tissus de toute nature un important débouché.

« Elle a donc ajouté aux difficultés toujours inséparables des réformes douanières.

« En présence de ce double fait, Messieurs, le courage de la fabrique d'Elbeuf n'a point fléchi : elle s'est hardiment engagée dans les voies nouvelles.

« Les instruments de travail, la preuve en est dans le lieu même où s'accomplit ce banquet, sont arrivés au niveau de tous les perfectionnements connus.

« La ruche a multiplié ses alvéoles.

« Nos exposants à l'Exposition universelle de Londres sont à la veille d'obtenir les premières récompenses de ce grand concours, tandis que l'Exposition locale de nos produits, que vous avez tous appréciée, atteste les efforts des nombreux travailleurs de la fabrique pour soutenir sa réputation et son élan.

« Voilà, Messieurs, notre situation présente. Mais nous avons besoin d'espérer qu'à l'exemple de la Compagnie qui nous visite, l'esprit d'association se propagera parmi nous, en nous venant en aide.

« Nous avons besoin d'espérer que le gouvernement de l'Empereur, qui veille avec tant de sollicitude sur toutes les industries, facilitera nos exportations partout où elles pourront pénétrer.

« Nous avons besoin surtout de la stabilité qui inspire et fortifie la confiance.

« A ces conditions, s'il nous est interdit de juger déjà les résultats des réformes douanières, s'il nous est interdit de pressentir leur dernier mot, nous lutterons énergiquement et nous n'aurons point à désespérer de l'avenir.

« Je bois, Messieurs, aux efforts persévérants de notre industrie. »

CAEN, TYP. DE A. HARDEL.

www.ingramcontent.com/pod-product-compliance
Lightning Source LLC
Chambersburg PA
CBHW070524100426
42743CB00010B/1939